# Mannzipation

**Warum Frauen kein Bier und
Männer keine Fahrradhelme mögen**

Franklynn Stangelmeier

# Mannzipation

## Warum Frauen kein Bier und Männer keine Fahrradhelme mögen

© 2015 Franklynn Stangelmeier

Illustration:  **Tobias Götze, München**
            **Anna De Corrado, Brisbane**
            **(Australien)**

Herstellung und Verlag: BoD – Books on Demand,
Norderstedt
ISBN: 978-3-7347-884-06

## Vorwort

Die Geschichte in diesem Buch schildert die Beziehung von Stefan und Lisa, die zusammen versucht haben ihren Traum von Familie und trautem Eigenheim zu leben und zwar so, wie dieser Traum heute so oft gelebt wird, ja fast schon „Zum guten Ton" gehört.
Leider ist dabei erst ihre Ehe und dann Stefan völlig auf der Strecke geblieben. Irgendwann wächst ihm alles über den Kopf und er zieht die Reißleine.
Nach schier endlosen Gesprächen mit seiner Frau, die alle fruchtlos verliefen, läuft er „Amok" und orientiert sich neu.

Der in dieser Geschichte beinhaltete Charme der modernen Familie führte leider zu einem Übermaß an Emanzipation und Egoismus der Frau.
Dieses Übermaß wird hier teils überzogen und oft süffisant dargestellt. Lachen aber auch Nachdenken ist gewünscht!

# Wer bekommt das Auto?

Wie jeden Morgen, wenn ich in die Arbeit musste, warf ich mich in meinen Anzug und wollte mit dem Fahrrad zum Bahnhof fahren.
Davor hatte ich natürlich noch die Kinder versorgt.
Ich öffnete die Haustür und sah, wie es aus Kübeln schüttete.
Ich ging wieder hinein und fragte meine Frau ob sie das Auto heute brauchen würde.
Leider bekam ich wie immer die gleiche Antwort:
„Das kann ich Dir noch nicht genau sagen, eventuell ist heute Nachmittag noch ein Kaffeeklatsch bei einer Freundin. Es ist also besser Du lässt es hier", sagte sie nur. „Ich habe Dir doch zu Weihnachten den tollen Regenanzug geschenkt. Zieh den doch drüber, dann kannst Du mit dem Fahrrad fahren. Das machst Du doch so gerne." Warum hatte ich überhaupt gefragt. Irgendwas könnte ja immer sein warum sie das Auto brauchte. Also streifte ich den Regenanzug über meinen Business-Anzug, zog Handschuhe und Helm an und fuhr Richtung Bahnhof.

Gegen 8.30 war ich endlich angekommen. Für die Strecke von 12 Kilometern brauchte ich ungefähr 20 Minuten im Schnitt. Ich sperrte mein Fahrrad ab und ging zum Bahnsteig hinauf.
Da stand ich, trotz Regenkleidung durchfeuchtet und wusste schon wieder, was mir meine netten Kollegen zu sagen hätten, wenn ich im Büro eingetroffen war.

„Na trainierst Du wieder für den Triathlon?" oder „Es modert ganz schön in solchen Anzügen", bekam ich häufiger zu hören. Aber ich verteidigte mein Vorgehen immer, damit ich mir wenigstens noch ein bisschen Würde behalten konnte.

Der Zug kam und hielt. Ich stieg ein und in den Gängen war alles bereits voll. Dort standen noch mehr so muffelige Fahrradjunkies. Irgendwie sah es so aus, als ob wir alle von der gleichen Armee seien. Alle hatten wir diese komischen Regenanzüge an und einen Fahrradhelm dazu.
Man hätte auch meinen können wir wären Postboten,
die sich auf ihre Auslieferungen vorbereiten. Aber nein,
es war ganz anders, wir waren Vorstadtcowboys, die ihren Frauen die Autos überließen und vollkommen freiwillig vermehrt Anstrengungen auf sich nahmen, um der Familie ein schönes Leben zu bieten.
Die Frage war nur, ob es tatsächlich um die Familie ging oder nur um die liebe Ehefrau. Dort lag doch eigentlich der Hund begraben. Alle Unannehmlichkeiten entstanden doch nur, weil ich Vorschläge meiner Frau für positiv empfunden hatte und zustimmte, dass wir in so eine Happy-Family-Siedlung aufs Land zogen und ich in die Arbeit pendelte. „Die Kinder haben es hier schöner und da ich immer daheim bin, brauchst Du Dich um nichts kümmern!", sagte sie vor drei Jahren und ich stimmte zu.
Doch mit der Zeit spitzten sich die Dinge zu. Neben meinem Beruf musste ich plötzlich auch noch Wäsche

waschen und mich um die Kinder kümmern, weil Torben, ein Freund von uns, Manus Mann, das auch so täte und ich das doch wohl auch für die Familie tun könnte.

Freizeit kannte ich gar nicht mehr. Regelmäßig bekam ich immer neue Betätigungsfelder und wusste eines Tages nicht mehr wo mir der Kopf stand. So ging es Tag ein, Tag aus. Abends das gleiche Zug-Martyrium zurück und am nächsten Tag wieder in die Arbeit. Dazwischen Wäsche, Kinder, Garten und Familienparties mit Antialkoholikern. Ich fragte mich immer häufiger, ob ich das noch so wollte und dann passierte es eines Tages.


Nach einer anstrengenden Nacht, die Kleine bekam Fieber und Bauchweh, ich hatte die ganze Nacht an ihrem Bett gesessen,
wachte ich wie gerädert auf und in meinem Kopf tobte ein kleiner Teufel. Langweiler, Schnuffi, Idiot, Weichei und weitere Beschimpfungen fand er für mich.


Ich fühlte mich nicht sehr wohl dabei, denn ich musste ihm Recht geben. Als ich mich auf die andere Seite drehte, sah ich meine Frau Lisa.
Sie schlief zufrieden mit einem Lächeln im Gesicht.
Der kleine Teufel redete weiter: „Klar dass die zufrieden ist, die hat ja alles und was hast Du?" Ja was hatte ich eigentlich? Ich, Stefan, 42 Jahre alt, Abteilungsleiter in einer Bank, Reihenhaus, Ehefrau, zwei Kinder, Hund. Da schaltete sich wieder das Teufelchen

ein: „Und ein Auto, dass Du nie fahren darfst." Tja
und den Luxus, dass Lisa nicht arbeiten musste und
zu Hause bleiben konnte.

Ich fühlte mich plötzlich sehr unwohl bei den vielen
Gedanken und stand auf, um mir einen Kaffee zu
machen, als Annalena zu Quäken begann. Ich war
schon auf dem Weg zur Treppe, um zu ihr zu gehen,
als es mir wie Schuppen von den Augen fiel. Warum
sollte ich denn gehen? Damit Lisa schlafen konnte?
Lisa, die eh die ganze Woche zu Hause ist? Immerhin
ginge ich ja jeden Tag in die Arbeit und kümmerte
mich dann noch um Wäsche und meine Kinder, damit
meine Frau genügend Freiraum für ihre Freundinnen
und ihre Hobbies hatte.
Ich beschloss also in Ruhe meinen Kaffee zu trinken
und ging zurück in die Küche.

Dann hörte ich wie Lisa aus dem Schlafzimmer rief:
„Schaatz, die Kleine, schau doch mal bitte!" Ich dachte, das ist die Gelegenheit. Ich musste anfangen mich
zu wehren, ich wollte mein ganzes Leben umkrem-
peln.
Ich wollte all das nicht mehr, auf jeden Fall nicht
mehr so und nicht mehr mit Lisa. „Ist doch mir egal,
schau doch selbst nach!", rutschte mir raus. Das Teufelchen applaudierte.

Lisa stand tatsächlich auf, holte Annalena aus dem Bett und kam zu mir die Treppe hinunter: „Wir reden später, Du spinnst wohl!", sagte sie nur kurz und prägnant. „Was gibt's zu reden, kümmere Dich um Deine Tochter, ich muss ins Büro", sagte ich ihr sehr deutlich. Lisa begann zu toben. „Kein Frühstück fertig, die Kinder sind noch nicht für die Krippe angezogen, aber Hauptsache der Herr hat seinen Kaffee!" „Einmal in drei Jahren kannst Du Dich wohl auch mal kümmern", antwortete ich nur. „Du weißt genau, dass ich keine Zeit hab. Ich muss mit dem Hund trainieren und treffe mich noch mit meinen Freundinnen, das ist doch alles was ich hab!" Ich schüttelte nur den Kopf und zog mich an.

Als ich zur Tür hinaus wollte, griff ich schon instinktiv nach dem Fahrradhelm und sah gleichzeitig den Autoschlüssel. In diesem Moment fasste ich einen Entschluss: Sie würde sich von mir trennen, auch wenn sie noch nichts davon wusste. Ich griff mir den Autoschlüssel und machte die Tür hinter mir zu.

Als ich in der Garage in die Familienkutsche stieg, lief es mir eiskalt den Rücken herunter. Ich ekelte mich vor dem ganzen Dreck, der hier hinterlassen wurde. Kein Respekt vor dem Wert, den so ein Auto repräsentierte. Fastfood-Schachteln, leere Limodosen, Kinderbücher und jede Menge Dreck und Sand von verschiedensten Spielplatzabenteuern. Dazu noch die Hundehaare die sich im ganzen Auto verteilten, von dem Geruch, den so ein Hund hinterlässt, ganz zu schweigen. Als ich den Motor anließ, die nächste Hiobsbotschaft: Tank leer, Inspektion fällig. Super, dachte ich mir, warum war mir das denn nicht früher aufgefallen?

Ich fuhr Richtung Stadt und nutzte die Gelegenheit, einen Stopp an der Tankstelle zu machen, um das Auto zu reinigen. Danach ging es mir besser und ich konnte in Ruhe weiterfahren. Plötzlich klingelte mein Handy.
Es war Lisa: „Wo ist das Auto, ich muss zum Agility und die Kinder wegbringen. Du hast Dich um nichts gekümmert, so haben wir das nicht ausgemacht." Ich dachte mir, nur recht so, soll sie doch lernen wie bitter es ist, ohne Auto auskommen zu müssen. „Nimm das Fahrrad, das mache ich auch jeden Tag", antwortete ich ihr und legte auf.

Sie rief noch dreimal an. Ich schubste sie direkt auf die Mailbox und empfand ein Gefühl von Genugtuung. Der Tag im Büro war ein voller Erfolg. Keiner lästerte und meine Sekretärin merkte mittags an, wie toll ich doch drauf sei und was denn mit mir los wäre. Ich erzählte ihr alles und sie stärkte mich in meinem Handeln. „Bei mir hätten Sie es besser", war eine ihrer Floskeln.
Am Nachmittag saß ich in meinem Büro und überlegte mir was ich wohl heute Abend machen würde. Da Frau Heimerlein, so hieß meine Sekretärin, mir ihre Aufwartung direkt vor die Füße warf, malte ich mir

aus, wie es wohl wäre, mit dieser jungen hübschen Maus Essen zu gehen und eine Affäre zu haben.

Männer und ihre Gedanken. Das wäre mir gestern noch nicht in den Sinn gekommen. Da öffnete sich die Türe,  sie steckte den Kopf in mein Büro und sagte, meine Frau sei am Telefon, ob sie durchstellen sollte. Ich bejahte und nahm das Gespräch an. „Hast Du Dich jetzt wieder beruhigt?", fragte Lisa ohne mich zu begrüßen. „Wenn Dein Egotag dann fertig ist, komm bitte nach Hause, Ich hab auch noch was vor."
 Ich wollte gerade sagen, dass ich in einer Stunde da wäre, da fiel mir ein, dass das zu einfach sei und sagte: "Sorry Schatz, Planungsrunde, es wird spät", und legte auf.
Ich rief Frau Heimerlein zu mir und fragte sie, ob sie mit mir zum Essen gehen wollte, nur so zum Spaß. „Gerne, wann?", fragte sie. Ich war perplex und musste nun meinen Plan in die Tat umsetzen. Ich schluckte kurz und wir verabredeten uns für 18.00 Uhr, um zum Italiener um die Ecke zu gehen.
Das Abendessen war toll. Sie war eine super Gesprächspartnerin und derart charmant, dass ich die Zeit vergaß.
Gegen 22 Uhr fragte ich sie, ob wir nicht Du sagen wollten: „Ich heiße Stefan und Du, äh Sie?"
„Ich bin die Beate."
Ich reichte ihr die Hand und sie lehnte sich zu mir hinüber, um mir einen Kuss links und rechts auf die Wange zu geben.

Es war ein tolles Gefühl! Also wollte ich kein Weichei sein und blieb noch länger. Um 23.00 Uhr fragte sie mich, ob ich sie nach Hause fahren könnte, was ich natürlich bejahte. Ich zahlte die Rechnung und brachte sie nach Hause. Auf der Fahrt dorthin zogen die Lichter der Stadt an mir vorbei als wären sie alle zu langen Sternschnuppen geworden. Die Stimmung, die sich breit machte, knisterte und elektrisierte mich. Beate schaute immer wieder zu mir herüber, als wollte sie sagen: „Mein Held, ich bin so stolz auf Dich!"
Ich versank immer tiefer in Gedanken. Beate legte mir ihre linke Hand auf meinen Oberschenkel und rutschte etwas zu mir herüber.
„Da vorne musst Du rechts.", flüsterte sie liebevoll. Ich bog ab. „Und jetzt kannst Du hier gleich halten."
Ich fuhr rechts ran und als ob ich es gewusst hätte, fragte sie mich: „Willst Du noch mit rauf kommen?" Ich musste kurz innehalten. Noch bevor ich etwas sagen konnte lehnte sie sich zu mir herüber und gab mir einen tiefen Zungenkuss. Ich wusste nicht mehr wie mir geschah und erwiderte ihre Lust. Immer wilder spielten unsere Lippen miteinander und ich wusste was sie von mir erwarten würde, doch ich entschied mich für die Vernunft.

„Nein, lieber nicht. Ich bin verwirrt und muss mir über einiges klar werden. Nicht böse sein, bitte, Du bist eine tolle Frau und Dein Angebot ehrt mich sehr."
Enttäuscht sagte sie: „Schade, es hätte eine tolle Nacht werden können."

Sie küsste mich noch einmal zärtlich auf den Mund und stieg aus. Ich sah ihr noch zu, wie sie im Eingang verschwand und machte mich dann auf den Nachhauseweg.

Dort angekommen schliefen schon alle. Ich zog mich aus und legte mich zu Lisa, die noch nicht einmal das bemerkte.
Meine Gedanken waren aber bei Beate. Diese tolle unverdorbene junge Frau, die sich für mich interessierte. Warum hatte ich nicht den Mut mit ihr zu gehen und ihr das zu geben, was sie von mir wollte? Ich dachte, so ein Angebot bekommst du nur einmal im Leben.

Als ich endlich Schlaf fand begann ein Traum, den ich, glaube ich, nicht weiter ausführen muss. Er begann damit, dass ich ausstieg und mit ihr hinaufging. Meine Traumfantasie erzeugte immer wieder neue Bilder, wie wir uns liebten.
Nach nur vier Stunden brachte mich der Wecker zurück in die Realität. Ich räkelte mich kurz und spürte, dass mich der Traum derart erregt hatte, dass ich versuchen musste, unauffällig ins Bad zu kommen.

Lisa war bereits aufgestanden. Ich hatte ein komisches Gefühl, ja Angst, was jetzt passieren würde. Hatte sie vielleicht Beates Parfüm gerochen oder sah ich aus wie ein Betrüger, konnte man mir die Schmuserei vielleicht ansehen? Zum Glück waren all meine Bedenken umsonst.

Nachdem ich hinunterging sah ich die Überraschung. Das Frühstück war fertig, die Kinder angezogen, ich traute meinen Augen kaum. Damit hatte ich nicht gerechnet. „Guten Morgen mein Schatz!", sagte Lisa. „Ich weiß, es ist nicht immer einfach für Dich und ich habe es vielleicht wirklich etwas übertrieben." Ich setzte mich und wir frühstückten zusammen im trauten Familienkreis. „Gut, dass Du gestern das Auto genommen hast, sonst wärst Du noch später nach Hause gekommen. Hättest Du halt einfach gesagt, dass Du es dringend brauchst, das wäre doch kein Problem gewesen", schmierte sie mir Honig um den Mund. „Vielleicht sollten wir uns ein zweites Auto leisten, dann gibt's die Probleme nicht mehr". Nachtigall ich hör dir trapsen, dachte ich mir. Sie wollte sich irgendwie ihre Freiheit erkaufen, ich könnte das Auto nehmen, wenn Sie auch eins hätte. „Wer soll das denn bezahlen?", fragte ich. „Du verdienst doch gut, das wird schon drin sein, oder?" „Ich denke darüber nach", sagte ich nachdenklich.

„Heute fährst Du aber nicht mit dem Auto, oder?" Und da war es wieder mein Problem. Nur anders aufgezogen. Sie versuchte es auf die nette Art. „Doch ich brauche das Auto, wenn Du es brauchst, dann fahr mich ins Büro und hol mich heute Abend wieder ab." Die Stimmung kippte: „Wir haben ausgemacht, Du nimmst die Bahn und ich hab das Auto, was soll das auf einmal, da spiel ich nicht mit!" Sie war also innerhalb von Minuten in ihr altes Verhalten zurückgefallen.

# Der Trotz

Ich stand auf, gab meinen Kindern einen Kuss und ging.

Halte durch, dachte ich mir, jetzt nicht aufgeben und so fuhr ich erneut mit dem Auto ins Büro. Ich wusste schon jetzt, heute würde sie sich nicht mehr bei mir melden, jetzt würde sie stur und ignorant werden und genauso war es dann auch. Beate begrüßte mich überschwänglich und bedankte sich für den tollen Abend und bot mir an, das jederzeit zu wiederholen. Ich wollte das nicht forcieren und hielt mich zurück. Am Nachmittag ging dann plötzlich mein PC nicht mehr und ich bat Beate um Hilfe. Gemeinsam krochen wir unter meinen Schreibtisch und suchten nach Kabeln oder anderen möglichen Fehlern, als unsere Köpfe aneinanderstießen. Wir rieben uns beide die Beulen und lachten. Da nahm sie plötzlich meinen Kopf in ihre Hände und versuchte, mich zu küssen. Erst wehrte ich mich, doch dann meldeten sich die Hormone, die schon lange in meinem Körper rotierten und ich hatte die Bilder meines Traumes vor Augen und ich erwiderte ihren Kuss.

Wir sahen uns beide lange an und dann machte ich etwas, von dem ich nie gedacht hätte, dass es jemals passieren würde.

Ich stand auf, schloss die Tür zu meinem Büro, ließ die Jalousien hinunter und setzte Beate auf meinen Schreibtisch. Wir schmusten und umarmten uns, wie ich es schon lange nicht mehr gespürt hatte. Ich schob ihren Rock hoch und drückte ihre Arme hinun-

ter. Dann verschwand mein Kopf zwischen ihren Beinen und ich hörte ihr leises Atmen und die freudigen Höhen ihrer Stimme die Wohlbefinden signalisierten. Unerwartet richtete sie sich auf und drückte mich in meinen Stuhl. Sie kniete nieder und tat etwas, was ich lange nicht mehr kannte oder jemals wieder erhofft hatte. Es war so gefühlvoll warm und elektrisierend zugleich.
Dann drehte sie sich um und setzte sich auf meinen Schoß. Mit seidigen Bewegungen trieb sie uns ins Paradies in dem wir dann eng umschlungen verweilten.

„Das darf nie wieder passieren", sagte ich kurz drauf zu ihr. „Ja ich will Dich auch nicht in Verlegenheit bringen. Das war ein einmaliges Erlebnis."

Wir zogen uns beide wieder an und taten, als ob nichts passiert sei. Doch es war etwas passiert, ich hatte Llsa betrogen. Ich musste meine Gefühle sortieren. War es Rache oder einfach nur männliche Unbeherrschtheit, die mich antrieb? Ich konnte keinen klaren Gedanken mehr fassen und war gleichzeitig von mir enttäuscht. Wie heißt es so schön: Don't fuck in the Company, doch genau das hatte ich getan und zu allem Überfluss auch noch in meinem Büro. Sicher, ich hatte schon viele Geschichten zu diesem Thema gehört, andere hätten so etwas auch schon gemacht und prahlten sogar damit. Mich störte das eigentlich immer und prahlen wollte ich auf keinen Fall.

Am Abend fuhr ich heim und hoffte Lisa würde nichts bemerken. Beim Abendessen fing sie wieder an. Flexibilität, Recht der Frau usw. musste ich mir anhören. Und das, obwohl sie noch nicht einmal in der Lage war ein richtiges Essen zuzubereiten. Wie oft hatte ich sie darum gebeten, besonders für die Kinder, ein frisches vitaminreiches Essen auf den Tisch zu bringen. Sie behauptete es wäre alles immer frisch. Doch jeder Idiot hätte bemerken können, dass sie eher auf die Schnelle Küche Wert legte, da sie ja keine Zeit hatte.

Es gab ihren berühmten Gemüseauflauf – frisch gekocht -, sagte sie immer. Es war ekelig und bisher hatte ich mich immer diplomatisch verhalten, des lieben Friedens willen. Doch heute sollte Schluss damit sein.

„Was ist das? Leipziger Allerlei aufgewärmt und durchgematscht. Total versalzen und ekelig. Das Du dich traust so was Deinen Kindern zu geben. Koch endlich ordentlich, wenigstens so wie Deine Mutter, ich werde das nicht mehr essen."

Lisa war wie versteinert und genau das wollte ich auch erreichen. Sie sollte endlich darüber nachdenken, was sie da eigentlich tat.

„Ich muss nächste Woche auf Dienstreise. Ich erwarte, dass ausreichend Hemden im Schrank sind. Wenn nicht, mach Dich an die Arbeit", schob ich hinterher.

Lisa sagte nur: „Leck mich!", und stand auf. Ich dachte, bestimmt nicht!

Um acht brachte ich die Kinder ins Bett und setzte mich ins Wohnzimmer vor den Fernseher, um mich von stumpfsinnigen Serien erheitern zu lassen.

Lisa kam zu mir und setzte sich dazu. „Was ist los Stefan, was hast Du, so kenne ich Dich gar nicht", sagte sie nur.
„Nichts ist, ich hab die Schnauze voll von Deinen Happy-Family-Strategien. Kümmere Dich endlich um den Haushalt und dann reden wir weiter." Lisa verschlug es die Sprache, mit so etwas hatte sie wohl nicht gerechnet. Ihr Mann lehnte sich gegen sie auf und gab ihr auch noch vor, was sie zu tun hätte.
„Ich geh ins Bett, gute Nacht", sagte ich nur und begab mich ins Bad. Nach einer Dusche legte ich mich hin und versuchte den Tag zu vergessen, als Lisa zu mir unter die Decke kroch.

Was dann passierte hatte ich mit ihr noch nie erlebt. Sie feuerte mich an, es möglichst hart zu machen und sie fühlen zu lassen, eine Frau zu sein. Ich kratzte also all meine letzten Körner zusammen und versuchte ihr zu bieten was sie forderte. Dann schliefen wir beide ein.
Um Gottes Willen, das war nicht das, was ich wollte. Sie sollte sauer sein, mich hassen und mich in Ruhe lassen.
Nicht Das, das war es nicht.

# Von Adam und Eva: „Die Bieruhr"

Zwei Tage später war endlich Wochenende und wir waren auf eine Happy-Family-Party eingeladen. Ich hasste diese Partys. Es ging nur um die Kinder und was sie für Wünsche hätten, welche Schulen man wählen wollte und und und. Und dann sollten sich alle intensiv und miteinander mit den Kindern beschäftigen. Dabei wäre alles so einfach. Kinder spielen gerne unter sich im Sandkasten oder auf dem Spielplatz. Sie brauchen keine Vollbetreuung. Naja wir fuhren also zu unseren Bekannten und ich ließ es über mich ergehen.

Als wir uns einfanden waren die anderen bereits da und die Gastgeberin fragte was wir trinken wollten. Lisa sagte: „Für uns ein Wasser."

Ich entgegnete sofort: „Für mich nicht, ich nehme ein Bier."

Lisas Freundin zuckte kurz zusammen und ich hatte alle Augen auf mich gerichtet. „Ich schau mal, es müsste noch eins da sein. Mein Vater trinkt immer eins, wenn er vorbei kommt."

Plötzlich meldeten sich alle anderen Männer zu Wort: „Für mich auch bitte", sagten sie im Chor und ich hatte eine Allianz.

Manu, so hieß die Gastgeberin, brachte einige Biere auf die Terrasse und ich öffnete meines und die der anderen mit der Grillzange, wofür ich hochachtungsvolle Blicke der anderen Männer erntete.

Als ich die Flasche nahm, um mit den andern anzu-
stoßen, bekam ich einen Rempler von Lisa. „Wenn
Du schon Bier trinken musst, dann wenigstens aus
dem Glas!"

Ich dachte mir nichts dabei, setzte die Flasche an und
nahm einen tiefen Schluck.

Auf einmal war Stimmung. Alle Männer fühlten sich
wohl und hatten eine gemeinsame Basis auf der man
mit Männerthemen Unterhaltung fand.

Die Frauen verschwanden in der Küche und auf dem
naheliegenden Spielplatz. Als ich mein Bier geleert
hatte, fragte ich Manu ob sie noch eines hätte. Leider
verneinte sie.

Also fragte ich in die Runde ob ich noch eines an der
Tankstelle besorgen sollte, was geradezu zu Lobeshymnen führte.

Manus Mann Torben bot sofort an, mich hinzufahren.
Als wir in sein Auto stiegen, zeigte sich das gleiche
Bild wie bei uns.

„Dreckskarre", sagte er nur kurz und fuhr los.

Er, der Versicherungsberater im ortsansässigen Büro
einer großen Versicherung und Manu gelernte Erzieherin. Im einen oder anderen Wort merkte man
schnell, dass er ähnliche Probleme hatte wie ich, diese aber als durchaus positiv empfand, weil sein Leben
so geordnet sei und ihm die Familie über alles ginge
und die Frauen von heute nun mal andere Erwartung
hätten. Er hätte schnell erkannt, dass seine Rolle sich
stark verändert hatte und er immer mehr mütterliche
Pflichten übernahm.

Ich gab ihm natürlich Recht, dass wir in einer anderen Zeit leben als unsere Eltern, fragte aber zugleich ob ihm nicht etwas fehlen würde. Natürlich merkte er an, dass er sich oft nicht mehr als Mann fühlen würde, sondern nur noch als Familienvater. Diese Rolle jedoch sei ihm zugeschrieben und dagegen könnte man auch nichts tun. Schließlich hatte man sich ja darauf eingelassen.

An der Tankstelle dachte ich mir, ich hau mal richtig rein.

Ich kaufte zwei Kisten Bier, Cola und eine Flasche Bacardi.

Nach unserer Rückkehr bekamen wir tobenden Applaus obgleich der Getränkeversorgung.

Natürlich musste es in einem Desaster enden. Noch bevor die Frauen zurückkamen hatte wir alle einen sauberen Rausch, hatten Spaß, machten Witze und spielten „MANN".

„Soll ich euch erzählen wie die Bieruhr erfunden wurde?", rief ich in die Runde. Alle nickten und lauschten meinen Worten.


„Von der biblischen Betrachtung ausgehend, gab es da ja wohl mal eine Begebenheit, die die Grundlage allen Seins darstellen sollte. Die erste Begegnung von Mann und Frau. Oder muss man heute sagen Frau und Mann?", alle lachten.

„Es war damals so, dass EVA versuchte ADAM mit einem Apfel zu verführen. Dies geschah im sogenannten Paradies. Ich denke mal, diese Frucht stand wohl eher als Symbol für die verschiedensten Früchte einer Frau.

Diese Eva muss, wenn man die Überlieferungen liest, der Traum eines jeden Mannes gewesen sein. Blond 90/60/90 verführerisch und anmutend, so in etwa wie im Film „Die Blaue Lagune", die Älteren unter uns sollten den noch kennen."

Einige nickten und Sebastian fragte: „Mit wem war der denn?"
Torben sagte ihm er würde es ihm später zeigen, er hätte noch einen Starschnitt aus der BRAVO.
Ich fuhr fort: „Die interessanten Einblicke wurden lediglich von zwei Feigenblättern verdeckt. Allerdings galt das für beide Parteien und somit gab es für den Mann noch keine Benachteiligung. Allerdings sollte die Schlange wohl bereits damals einen gewissen Übermut symbolisieren. Frei nach dem Motto: „*Das sind aber keine 20 Zentimeter, kleiner Peter.*" Wieder lachten alle, diesmal schon viel lauter.
„Eva stand also da und zeigte Adam ihre Äpfel", ich griff mir an die Brust und tat so als würde ich Evas Möpse drücken. „Sorry, ich meine natürlich den Apfel." Wieder lachten alle.
„Dieser war zum Verzehr gedacht. Und warum behauptet wird, er sei vergiftet gewesen, möchte ich gerne belegen.
Die Verführung durch eine Frau ist wohl immer noch das schönste was einem Mann passieren kann. Ich finde auch, die Situation ist an romantischer Erotik nicht zu überbieten gewesen. Allerdings, wie es dann mit EVA weiterging, kann man sich nur ausmalen. Ein schöner Wald. Eine schöne Lichtung. Die Sonne

scheint und Mann und Frau fast nackt." Ich sah in neugierige Gesichter.

„Tja meine Herren, wer so was noch nicht erlebt hat, der hat was verpasst. Halt! Dageblieben, nicht in den Wald verschwinden!" Schallendes Gelächter.

„Eva ist nicht mehr da. Aber einen Versuch ist es vielleicht Wert, oder? Es soll ja schon solch zufällige Begegnungen gegeben haben. Im Gegensatz zu uns musste Adam ja noch nicht einmal suchen. Er musste nur dem Apfel folgen und da war sie, seine größte Chance auf ein Abenteuer mit einer einsamen Frau. Ich schätze die Fortsetzung des Apfelspieles ungefähr so ein: Apfel weggeworfen, Eva geschnappt und für ordentlich erotische Begegnung im Wald gesorgt. Himmlisch, oder?"

Ich bekam Applaus.

„Doch was ist nun heute? Was ist denn aus der verführerischen Eva geworden? Nirgendwo steht geschrieben wie es weiterging. Ich schätze, was nie geschrieben wurde muss endlich mal klargestellt werden."

Ich schlug mit der Faust auf den Tisch um meiner Aussage Nachdruck zu verleihen.


„Nach dem Wahnsinnserlebnis mit Eva im Wald war Adam ihr völlig verfallen. Dieses Gift brachte ihn soweit, dass er sofort aus *Adam und Eva*, *Eva und Adam* machte.

Ich meine, ist doch klar, die höfliche Emanzipation. Wenn es der Kirche nicht völlig zuwider wäre, würde man diese Reihenfolge der Nennung in allen biblischen Erörterungen umdrehen. Ist doch auch das Recht der Frau, oder? Immer zuerst die Frau nennen und dann den Mann. Männer stehen nun mal hinten an." Alle nickten zustimmend.

„Das ist so und hätte sich in der Geschichte auch nicht mehr geändert, wenn es nicht Epochen gegeben hätte, wo die Frau  ohne Mann nicht auskommen konnte. Jedenfalls, Eva und Adam die nun laut AGG, dem sogenannten allgemeinen Gleichstellungsgesetz" – schallendes Gelächter –„im Wald zusammen gleichberechtigt ihr Leben verbrachten, lernten jeden Tag dazu. Vor allem Eva, die Adam mittlerweile auf ihrer Apfelplantage arbeiten ließ. Schließlich hatte sie ja den Apfel zuerst. Adam, der brav jeden Tag eine Tonne Äpfel pflückte, konnte aber langsam keine Äpfel mehr sehen. Er erinnerte sich jedoch immer noch an den ersten süßen Apfel, dem er hinterherlief. Die Äpfel, die Adam von Eva bekam, reichten jedoch bald nicht mehr, um ihm wirklich das Gefühl der ersten Begegnung neu zu vermitteln. Oder wann hattet ihr denn das letzte Mal geilen Sex?" Die Männer hielten sich den Bauch vor Lachen.

„Aus Verliebtheit wird Alltag. Aus dem süßen Apfel wird Eintopf.

Und so begann Adam einige Äpfel, die schon faul waren, auf die Seite zu legen. Irgendwann stellte sich dann plötzlich ein Gärungsprozess ein und ein wunderbarer Saft sammelte sich unter den faulen Äpfeln.

Adam probierte ihn erst zögerlich, doch dann stellte er fest, dass dieser Saft zu neuen Lebenskräften und guter Stimmung verhalf. Prost!"
Ich hielt meine Bierflasche in die Höhe und stieß mit den anderen an.

"Eva begann sich derweilen Sorgen zu machen. Die Kapazität der produzierten Äpfel ließ plötzlich nach und Adam stand allem immer gleichgültiger gegenüber. Wenn Eva ihm also keinen süßen Apfel mehr gab, naschte er kräftig von seinem neuen Elexir. Da Eva nicht verstand was mit Adam passierte, folgte sie ihm eines Tages auf die Apfelplantage und sah wie Adam, anstatt Äpfel zu pflücken, mit rotem Kopf unter einem Baum schlief.

Sie weckte ihn auf und Adam schaute sie verdutzt an. Da er einen Morzrausch hatte und das bei Männern zu einer gewissen Geilheit führt – Ich denke das kennt Ihr, oder?

- Er dachte also an ihr erstes Mal? Sollte Adam noch einmal diese neue süße Frucht erleben dürfen. Was glaubt Ihr?"

Die anwesenden Zuhörer antworteten prompt: „Niemals", „Auf gar keinen Fall", „Ich träum da heut noch davon."

Einer sagte plötzlich: „Ich nicht, ich bin total zufrieden." Er kasperte so rum und sagte dann: „Späßle gemacht."

„Eva fand also nur den Saft und probierte ihn selber. Dies weckte nun in ihr die Idee, diesen Saft professionell zu erzeugen.

Quasi als Abfallprodukt zur Apfelplantage. Adam sollte nur noch einen Schluck pro Tag bekommen. Den Rest musste er in ausgehöhlte Holzgefäße abfüllen. Wenn Ihr nun diesen Satz: *„Adam sollte nur noch einen Schluck pro Tag bekommen"* hört, was fällt Euch dazu spontan ein. Genau: Die Bieruhr war erfunden!" Alle applaudierten.

„Stefan das kennen wir ja gar nicht von Dir, Du bist ja ein echter Komiker", sagte Torben. Ich führte weiter aus. „Eva kontrollierte nun nicht nur Adams Sexualleben, sondern auch seinen Apfelmostkonsum.

Eines Tages begann Adam den Gefallen an Eva zu verlieren. Alles was ihm im Leben Spaß gemacht hat wurde von ihr kontrolliert. Er verstand die Welt nicht mehr. Doch Eva ignorierte dies komplett. „Was willst Du denn", sagte sie, „säufst meinen Most und ergötzt Dich an mir. Such Dir doch was anderes, um Dich auszutoben."

Adam entgegnete meist nur wimmernd, dass doch alles einmal so schön gewesen sei und er könne gar nicht verstehen, wie es denn soweit kommen konnte und sie brauche doch nur zu sagen, wenn er etwas ändern solle, er würde es ja tun.

Doch Eva hatte keinen Grund etwas zu verändern. Sie hatte ihn ja in der Hand und außerdem, wozu brauchte sie ihn denn noch? Eines Tages fiel ihr allerdings auf, dass sie ohne Adam völlig alleine wäre und eigentlich mochte sie ihn ja recht gerne. Sicherlich, die Sauferei und Faulheit konnte sie nicht akzeptieren. Auf gar keinen Fall. Aber für die süße Frucht brauchte sie ihn nun mal. Die war ihr, auch wenn Sie es Adam gegenüber nie zugeben würde, doch nicht ganz egal. Also beschloss Eva Ihm, zumindest dem Anschein nach, ab und an zu verfallen. Das kennt ihr mit dem gespielten Sex in der heißen Zeit, oder?"

 Alle lachten wieder und bejahten. „Manchmal sogar zweimal am Tag", sagte Sebastian. Ich erzählte weiter: „Und eines Tages begann *Die Menschheit* und Eva bekam einen dicken Bauch. Ihre Leibesfrucht stellte nach neun Monaten den Beginn einer neuen Zeit dar. Eva übergab Adam die Apfelplantage und fand fortan in der Erziehung ihres Kindes ihre Erfüllung. Die hier geschilderten Begebenheiten wurden von Generation zu Generation übertragen und weiter verfeinert. Ich denke Ihr wisst was gemeint ist, oder? Prost!" Ich bekam tobenden Applaus und wir stießen erneut an.

Manu kam aus der Küche und lachte. „Hast Du alles gehört?", fragte ich sie. „Klar, tolle Geschichte, so etwas mag ich." Torben wunderte sich nur.
„Stefan, komm doch mal bitte zu mir in die Küche, Du musst mir kurz helfen."
„Gerne, also bis gleich, Leute!"
In der Küche flüsterte sie in mein Ohr: "Lisa hat mir alles erzählt, ich finde das total männlich, was zu machst.
Torben regt mich immer mehr auf mit seinem Happy-Family-Scheiß und seiner Haushaltsführung.
Zuletzt hat er sich sogar eine Schürze umgebunden!" Während  Manu mir das erzählte, griff sie mir in den Schritt und lächelte.
Ich wusste nicht, wie mir geschah, allerdings konnte ich auch nicht widerstehen, da Manu eine echt scharfe Braut war.  Dunkelhaarig leicht gebräunte Haut, grüne Augen und schöne lange Beine, die nur von einem kurzen Rock bedeckt wurden. Nachdem ich mir vor lauter Biermut keine Gedanken mehr machte, griff ich ihr ebenso unter den Rock und streichelte sie. Da lehnte sie sich zurück und stützte sich auf der Küchenablage ab und genoss es offensichtlich. Direkt ausgezehrt kam sie mir vor. „Geil Stefan, mach weiter", stöhnte sie, als meine Hose sehr knapp wurde.
„Ich mach die Tür zu Manu, warte", sagte ich. Doch in dem Moment als ich mich umdrehte kam Lisa ums

Eck. Ich drehte mich sofort von ihr weg, damit sie die Wölbung in meiner Hose nicht sehen konnte. Manu lächelte nur.

Lisa war scheinbar nichts aufgefallen und sie sagte: „Kannst Du bitte rauskommen und Dich mal um die Kinder kümmern?" Ich tat, was mir befohlen wurde und ging zu den Kindern als ob nichts geschehen sei. Nach einem dann noch sehr feuchtfröhlichen Abend sah Lisa wenigstens ein, dass ich nicht mehr in der Lage war, das Auto zu fahren und erklärte sich unter Protest bereit, dies zu übernehmen.

„Das war das erste und letzte Mal, wir haben ausgemacht, dass es vor den Kindern keinen Alkohol gibt. Was glaubst Du was ich mir von den anderen anhören durfte, warum Du alle Männer betrunken gemacht hast und dann erzählst Du auch noch so eine komische Story".

Manu kam dazu: „Ach Lisa, das war doch echt lustig, ich weiß gar nicht was Du hast!"

Ich ging einen Schritt zur Seite, weil ich mir dachte, dass nun Manu alles abbekommt: „Du findest das lustig, wie sie sich über unsere erkämpften Rechte lächerlich machen? Ich kann darüber nicht lachen. Stefan, wir gehen!"

In dem Moment dachte ich mir nur: Egal, Hauptsache ich hatte mal meinen Spaß.

Als wir unsere Freunde verließen, nahm mich Manu nochmal auf die Seite und flüsterte: „Ich krieg Dich schon noch!"

Mir wurde ganz warm und ich hatte alle Hände voll zu tun, meine Röte vor Lisa zu verbergen.

Zu Hause angekommen wollte sie einen Streit vom Zaun brechen und mich wieder einnorden. „Was soll das alles?
Es reicht Stefan. Erst nimmst Du mir das Auto weg, dann kümmerst Du Dich nicht mehr um die Kinder und Freizeit habe ich auch keine mehr.
Zur Krönung betrinkst Du Dich auch noch, verführst die anderen Männer, es Dir gleich zu tun und turtelst mit Manu rum."
Ich setzte mich auf die Couch und tat so als ob ich schlafen würde. Das brachte sie noch mehr auf die Palme:
„Am Montag fährst Du wieder mit dem Rad und Du kannst es voll vergessen, dass ich Dir Deine Hemden bügle und jetzt denk mal drüber nach, was Du ange-richtet hast!"
Ich empfand keinerlei Schuld oder Reue, was hatte ich den schon getan? Drei Jahre hatte ich ihr den Fiffi gemacht und nach ein paar Tagen war ich auf einmal der große Böse. Das konnte ja wohl nicht sein.

## Männer und ihr Trieb:
## „Frauen sind Hexen"

Der Sonntag war ziemlich angespannt. Ich merkte, dass Lisa jeden Moment explodieren könnte, wenn ich nur falsch atmete. Ich verhielt mich also friedlich, machte mich an meine Hemden und ging früh ins Bett.

Am Montagmorgen verschwand ich um vier aus dem Haus.

Ich wollte den ersten Zug zum Flughafen erwischen, um in unsere Hauptniederlassung zu fliegen. Ich freute mich das erste Mal auf eine Dienstreise.

Drei Tage in Freiheit! Das war weitaus mehr Wert, als die Knechterei zu Hause. Bei dem Gedanken verspürte ich sogar eine Art Erholung.

Nach einer endlosen Reise mit öffentlichen Verkehrsmitteln war ich endlich am Gate angekommen und wartete auf das Einsteigen. Eine Südamerikanerin setzte sich neben mich und fragte, ob ich auch nach Hamburg fliegen würde. Ich bejahte und wir kamen ins Gespräch. Sie erzählte, dass die deutschen Männer so toll seien, weil sie Respekt vor den Frauen hätten. In der Machowelt in Südamerika gäbe es das alles nicht.

Aber ich wünschte mir einmal diese Machowelt. Ich wollte auch mal Herr über die Frauen sein und blöd daherreden dürfen. Irgendwann kamen wir zur Frage, was jeder in Hamburg so machen würde und wie deutsche Frauen so seien.

Als der Einsteigeaufruf kam, verabschiedeten wir uns im Flugzeug und sie rief mir nur noch zu: „Ich bin im Hotel Savoy, wenn Ihnen langweilig ist, fragen Sie nach Señorita Alvarez!"

Langsam verwirrte mich alles, was in den letzten Tagen passiert war. Es kann doch nicht sein, dass mein egoistisches Machogehabe dazu führte, dass die Frauen mir nachliefen. Erst Beate, dann Manu und jetzt auch noch eine geile Latina, die mich gar nicht kannte. Es war mir ein Rätsel. Hatte ich denn auf einmal so eine andere Ausstrahlung?

Und wie sollte es auch anders sein, es ergab sich die Gelegenheit, Señorita Alvarez zu treffen.

Am Abend nach den Meetings hatten nämlich alle anderen keine Lust, noch etwas zu unternehmen. Ich musste also alleine losziehen und dachte als erstes an die hübsche Südamerikanerin.

Ich stieg in ein Taxi und ließ mich zum Hotel Savoy fahren.

An der Rezeption fragte ich nach ihr.

„Ich rufe gerne auf ihrem Zimmer an, einen Moment." Die nette Dame nahm das Telefon und wählte ihre Nummer.

„Ja bitte", antwortete es auf der anderen Seite. „Hier ist ein Herr für Sie, den würden Sie aus dem Flieger kennen."

„Ich komme runter. Er soll warten!"

Ich hatte alles mitgehört und bedankte mich bei der Dame vom Empfang. In der Lobby fand ich eine gemütliche Sitzecke, in welcher ich Platz nahm. 10 Minuten später klingelte der Aufzug und die Latina kam auf mich zu. Weißes T-Shirt, enge Röhrenjeans und schwarze High-Heels.

„Hola, ich habe mich nur noch schnell bequem angezogen."

„Hallo, Sie sehen toll aus!"

„Wollen wir etwas zusammen unternehmen?"

„Sehr gerne, ich muss nur noch in mein Hotel und einchecken, dann könnten wir ja was essen gehen. Es gibt hier jede Menge gute Portugiesen."

„Gerne, das machen wir."

Als wir hinausgingen, hakte sie sich bei mir ein. Allein, dass sie nun neben mir ging, durchströmte mich mit wollüstiger Wärme. Wir nahmen ein Taxi und ließen uns ins Hotel am Hafen fahren. Dort checkte ich ein und sie begleitete mich aufs Zimmer.

„Nehmen Sie sich doch was zu trinken, ich ziehe mich nur schnell um." Ich packte meinen Trolley aus und nahm eine Jeans und ein T-Shirt mit ins Bad. Nachdem ich mich frisch gemacht hatte, ging ich zurück zu ihr.

Ich traute meinen Augen kaum. Sie saß da mit breiten Beinen auf einem Sessel, nackt und hatte eine Flasche Champagner in der Hand. Ihr Körper war atemberaubend, perfekt einfach.

So etwas hatte ich bisher nur in der Werbung oder James-Bond-Filmen gesehen. „Ich heiße Juanita."

Mir verschlug es die Sprache. „Ähhhh, ich bin der Stefan."

„Wenn Du willst, bin ich Dein Aperitif, bevor wir die
Vorspeise bestellen", sagte sie zu mir und leckte sich
dabei ihre Lippen. Dann  nahm sie einen tiefen
Schluck aus der Flasche und breitete ihre Arme nach
mir aus. Ich konnte nicht widerstehen. Sie war so
heiß und alles an ihr sah so einladend aus.
 Ich fiel in ihre Arme und sie hielt sich an mir fest.
„Bring mich ins Bett", hauchte sie.  Ich hob sie hoch
und ließ sie sanft aufs Bett fallen. Dann schüttete sie
sich Champagner auf den Bauch und fragte: „Willst
Du auch probieren?" Ich zog mich aus und schlürfte
den Champagner aus ihrem Bauchnabel, und vergaß
dabei nicht ihr Paradies. Plötzlich spannte sich ihre
Bauchdecke und der Champagner lief aufs Bett. Ich
nahm das zum Anlass mit ihr zu schlafen doch plötzlich stoppte sie das Ganze. „No No, nur Aperitif!"
Ich legte mich zu ihr und sie begann mich zu verwöhnen, dabei summte sie leise was mich in den Wahn-
sinn trieb. Kurz bevor ich zum Höhepunkt kommen
konnte, legte sie sich auf mich und gab mir einen
zärtlichen tiefen Kuss. Dabei grinste sie hämisch.
„Lass uns Essen gehen."
Einigermaßen verwundert und völlig erregt tat ich
was sie wollte. Wir duschten noch, zogen uns an und
ließen uns am Empfang einen guten Portugiesen
empfehlen.
Dort übernahm sie und bestellte einmal querbeet
durch die Speisekarte, da viele Speisen sie an ihre
Heimat erinnerten.
Ich begann ihr von mir zu erzählen und von meiner
Frau und wie unglücklich ich sei. Und irgendwann

landeten wir bei dem Thema, dass Männer doch gar keine Chance mehr hätten.

„Betrachtet man unser heutiges Sozialgefüge, kann man manchmal auch denen Recht geben, die behaupten, dass das Buch „Das Eva-Prinzip" viel Wahres beinhaltet.

Kennst Du das?"

„Ja, das ist die Frau, die doch Frauen wieder an den Herd wünscht, oder?"

„Genau die. Stellen wir uns vor, sie hätte Recht. Da stellt sich doch die Frage, warum wir auf einmal an anderen Werten festhalten und anderen Lebensmechanismen folgen.  Zur Erklärung, es kann doch nur an den Frauen liegen."

"Ja genau, woran denn sonst?" „Nicht nur die Frauen, aber in Deutschland ist alles etwas anders als bei uns", sagte Juanita.

„Einige Jahrhunderte zurück wurden Frauen, die so ungewöhnliche Ideen hatten wie beispielsweise, dass sie nicht kochen oder nicht putzen mussten, einfach verbrannt.

Man sprach von der sogenannten Hexenverbrennung.

Ja klar, es waren ja Hexen, die verbrannt wurden. Aber die Frage die sich stellt ist, an was wurde die Hexe erkannt? Und hier hatte immer noch der Mann das Heft in der Hand. Einfach der Frau vorwerfen, sie sei eine Hexe, Problem erledigt. Leider ist es heute nicht mehr so einfach, Obwohl?

Nachdem der Besen, der heutige Staubsauger ist und der Besen das Fahrzeug der Hexen war, gibt es auch heute noch Frauen die aufgrund ihres Fahrzeuges",

Juanita lachte, „durchaus zu diesem Clan gehören könnten.
Dies wird wohl auch der Grund sein, warum viele Frauen diese „Fahrzeuge" gar nicht mehr verwenden wollen und dies lieber dem Mann überlassen. Am Ende würde man noch zum Scheiterhaufen geführt."

„Aber nun mal Spaß bei Seite. Die Generationen Männer vor uns, liebe Juanita, hatten wohl noch das Paradies auf Erden.

Sie mussten lediglich ihrem Beruf nachgehen. Der Rest erledigte sich von selbst. Mann, war das schön – abends heimkommen und Essen steht auf dem Tisch."

„Bei uns in Südamerika ist das immer noch so", entgegnete sie.

„Das heißt, Du würdest mir ein Bier bringen und mich fragen was ich am nächsten Tag essen möchte?"

„Klar warum nicht?"

„Ich weiß ja die Zeiten sind vorbei. Deswegen habe ich mir auch mal gedacht, dass man hier einfach Kompromisse eingehen muss. Auch Männer können Kochen und sich um Dinge im Haushalt kümmern. Ich koche ja wirklich gerne."

Juanita unterbrach mich.

„Du kochst, das ist toll, so einen Mann habe ich mir schon immer gewünscht!"

„Die Frage ist, ob das eine gute Idee ist. Denn wenn man hier den kleinen Finger reicht, wird einem der ganze Arm abgerissen. Diese Zugeständnisse ufern mittlerweile in Festlegungen wie *Ich habe die Kinder bekommen und Du machst den Rest* aus. Das passt doch alles nicht mehr. Bei der liberalen freiheitsliebenden Kindererziehung heißt das *Nix Tun*. Also was lernen wir daraus? Frauen, die vorschieben, sie hätten die Kinder bekommen und müssten sich jetzt um diese kümmern mit der zeitgleichen Kombination Arbeiten im Haushalt zu verweigern, verwenden nichts anderes als faule Ausreden damit man seinen Tag gemütlich mit Kaffee und Kuchen und Anderen auf dem Kinderspielplatz, dem pädagogischen Krabbelkreis oder der Mutter-Kind-Meditation zu verbringen konnte."

„Ist es wirklich so schlimm?", fragte sie mich.

„Ja und ich habe es mir jetzt drei Jahre lang angesehen. Die Frau hat Spaß, der Mann ist der Dumme und viele Männer resignieren. Aber nach vielen kläglichen Streitereien bekommen sie dann von der Frau meist die Antwort: *Lass Dich doch scheiden wenn's Dir nicht passt, ich ziehe Dich aus bis auf Deine letzte Unterhose.*

„Ist das nicht etwas übertrieben, Stefan?"

„Übertrieben? Leider nein, da der Gesetzgeber zulässt, dass wir bis auf 890€, ich glaube so viel ist es, reduziert werden und nachdem diese Konsequenz mittlerweile ausreichend bekannt ist, geben die meisten Männer auf und lassen sich lieber rumschubsen und ausbeuten, leider.  Die Frage die sich hier stellt ist, ob das das Ziel der Emanzipation war."

„Ich dachte mal, es ging darum, der Frau Gleichberechtigung zu verschaffen", sagte Juanita.

„Da ist man doch bei Euch wohl deutlich über das Ziel hinaus geschossen. Tja, wir Männer müssen uns jetzt wieder Mannzipieren. Vielleicht sollten wir wieder Bier aus der Flasche trinken, mit den Fingern essen, danach rülpsen und auf jeden Fall alles, was mit Hausarbeit zu tun hat stehen und liegen lassen.

„Aber Stefan meinst Du, das bringt so viel?"

„Die Frauen müssen einfach sehen, dass sie es übertrieben haben. Denn sonst bleibt nur noch die Rückkehr zur Hexenverbrennung. Denn, wer so eine Macht hat, ohne dafür etwas getan zu haben, muss über einen Zauber verfügen.
Es muss sich also um Hexen handeln. Was ich Dir hiermit bewiesen habe".

„Armer Stefan, hier trink noch etwas und probiere die wunderbaren Tapas, dann geht's Dir gleich besser."
„Danke Juanita, dass Du mir zugehört hast."
„Gerne doch und ich verspreche Dir, heute vergisst Du all Deinen Ärger, ich zeige Dir wie sich die Frauen bei uns um die Männer kümmern."

Sie nahm eine Olive und steckte sie mir in den Mund. Dann schenkte sie mir einen Schluck Weißwein nach und stieß mit mir an. Es war so um 10 als wir die dritte Flasche bestellten und wir waren beide wohl schon sehr angetrunken, als Juanita begann mich mit ihrem rechten Fuß zwischen den Beinen zu streicheln.
„Stefan, lass uns gehen, zur Hauptspeise möchte ich im Hotel sein."
Diesen Wunsch konnte ich ihr nicht abschlagen. Ich zahlte und wir fuhren mit dem Taxi zurück in mein Hotel.

Wir kamen kaum ins Zimmer da hatte sie mich schon am Wickel und begann mich auszuziehen. Wie soll ich es sagen, was dann folgte, war eine fantastische Nacht. Diese Frau machte Sachen mit mir, die ich so nicht kannte.

Sie brachte mich immer wieder in eine fast vollendete Extase, die sie geschickt runterkochte aber gleichzeitig sich selbst zum Höhepunkt führte. All das wollte ich in meinen Erfahrungsschatz aufnehmen, um für
weitere Abenteuer gewappnet zu sein. Im Forte unserer Begegnung angekommen, tropften kleine
Schweißtropfen von ihren Brüsten auf meinen Bauch
und dann explodierte ich. Ich glaube, mein ganzer
Körper war zu einem Fallus geworden.
Danach verlor ich allen Druck und fühlte mich wie ein
Reifen aus dem die Luft raus war.
Völlig am Ende schlief ich ein.

Am nächsten Morgen war Juanita weg und es lag ein
Zettel auf dem Tisch: „Es war wunderschön mit Dir,
wir werden uns leider nicht mehr sehen, leb wohl!"

Wehmut kam in mir hoch. Das konnte doch nicht
alles sein. Wir könnten doch noch eine Nacht haben.
Ich beschloss noch vor der ersten Sitzung in ihrem
Hotel nach ihr zu fragen und zog mich in Windeseile
an. Am Empfang im Savoy teilte man mir leider mit,
dass sie bereits ausgecheckt hatte und abgereist war.
Enttäuscht fuhr ich zu meinen Meetings.

## Wenn Männer losgelassen werden

Am Abend konnte ich mal wieder niemanden überreden, mit mir durch die Stadt zu ziehen. Ich musste an Juanita denken. Schade, dass sie fort war. Aber ändern konnte ich es nicht. Ich zog also alleine los.

Zuerst begab ich mich in eine Seemannskneipe, in der es an der Theke hoch herging. Viele der anwesenden Männer erzählten von ihren Reisen durch die Welt und, dass sie in jedem Hafen eine Braut hatten. Irgendwann kam einer auf mich zu und fragte wo ich denn her sei und ob ich auch schon zur See gefahren bin. Ich musste ihm leider sagen, dass mein Leben eher langweilig verlaufen ist und ich ein Bürohocker war. Er bat mich in ihre Runde und einer bestellte fünf Kurze.
Wie stießen an und schluckten den Schnaps in einem Zug runter. Ich merkte, wie der Alkohol wirkte, schließlich hatte ich noch nichts gegessen.
Doch nach den nächsten zwei Biere verging der Hunger und ich fühlte mich gut.

„Wann wart ihr das letzte Mal in der Herbertstraße?", fragte einer der Seeleute.
„Schon lange nicht mehr!", antwortete ein anderer.
Ich fragte: „Was ist denn die Herbertstraße?"
Alle lachten.

„Du kennst die Herbertstraße nicht? Da gibt es tolle Peepshows und Bordelle. Das ist direkt in der Nähe der Reeperbahn", erklärte einer von ihnen.

"Da sind wir früher immer hin, wenn wir von einer Seereise zurückkamen. Kannst Dir die Mädels im Schaufenster ansehen und entscheiden, welche Dir gefällt.

Du kaufst die Katze quasi nicht im Sack und reklamieren kannst Du auch, wenn es nix war, das darfst Du zu Hause bestimmt nicht."

Sie lachten erneut.

Ich dachte mir nur, wenn ich zu Hause nur überhaupt noch vernünftigen Sex haben könnte, von Reklamieren ganz zu schweigen, wäre es schon toll.

Irgendwann gab der Wirt den Last-Call-for-Alkohol, den ich sonst nur aus England kannte und wir tranken unsere letzte Runde. Nachdem wir bezahlt hatten zerstreute sich die Gruppe in verschiedene Richtungen. Der eine sagte noch zu mir: „Lass den Kopf nicht hängen. Immer in diese Richtung, schau es Dir einfach an, es ist echt interessant."

Ich dachte mir nur, danke für den Tipp, aber so einer war ich nicht, besonders nach dem Erlebnis heute Nacht würde ich doch nicht dafür bezahlen.

Und dann, ich hatte ihn schon vermisst, meldete sich das kleine Teufelchen wieder: „Anschauen kostet doch nix, hier kennt Dich keiner, Du kannst doch rein und wieder raus und dann kannst Du auch mitreden."

Ich blieb stehen und dachte nach. Er hatte recht, hingehen anschauen und wieder heim ins Hotel. Ich lief also fünf Minuten in die Richtung, die mir mein Saufkumpan gesagt hatte und dann sah ich eine von oben bis unten beklebtes und beschmiertes metallenes Tor, welches einen Spalt offen stand.

Ich ging hin und ein netter Herr winkte mich hinein. Überall blinkten bunte Lichter und Männer jeden Alters gingen von Schaufenster zu Schaufenster. Weiter hinten sah ich, wie eine Frau in eine Bar ging. Dort stand: „Erotische Kunst".
Ja wenn da sogar Frauen hineingingen, warum ich dann nicht.
Dort angekommen wurden mir 50€ abgenommen. Naja billig war es nicht. Ich zahlte und ging hinein. Es sah aus wie in einem Theater nur die Beleuchtung war düster. Überall standen hübsche junge Frauen im Dessous und brachten Getränke zu den Gästen. Am Ende war eine Bühne. Ich sah die Frau, die vor mir hineinkam und  fragte sie, ob neben ihr noch frei sei. Sie bejahte. Die Dame war wohl so Ende 40, aber sehr edel gekleidet und unheimlich gepflegt.

Ich bestellte mir ein Whiskey-Cola und durfte dafür 18€ zahlen. Erst ärgerte ich mich ein wenig, aber dann war es mir egal. Warum sie hierherging fragte ich sie.
„Warten Sie ab, gleich beginnt die Show!"
Musik begann zu spielen und auf die Bühne kamen eine Frau und ein Mann mit Maske und Silber angemalten Körpern. Sie bewegten sich anmutig zur Musik

und machten allerlei Verrenkungen. Dann machte die Frau eine Kerze und spreizte die Beine. Der Mann begann sie zu verwöhnen. Kurz drauf machte die sportliche Künstlerin einen Sprung auf die Beine und nahm sein bestes Stück in die Hand und zeigte es dem Publikum. Die Frau neben mir applaudierte.
„Deswegen bin ich hier, sehen Sie, das ist auch etwas für Frauen. Es erregt mich zuzusehen."
Die nächsten 15 Minuten vollbrachten die Künstler mit allerlei Turnübungen, während derer sie nicht vermieden Geschlechtsverkehr auszuüben.
Mir gefiel es, ich empfand es wirklich als Kunst.

Am Ende der Show kamen beide ins Publikum um Trinkgeld zu sammeln. Der Mann setzte sich auf den Schoß meiner Nachbarin und durfte ihr 20€ mit dem Mund aus ihrem schönen Dekolleté ziehen.
Als seine Partnerin bei mir vorbeikam schaute sie mich von oben bis unten an. Ich hatte natürlich vergessen etwas Geld vorzubereiten. Hastig nahm ich auch 20€ aus meinem Geldbeutel und steckte diese in meine Hose, so das nur noch ein Zipfel des Geldscheins herausschaute.
Sie beugte sich hinunter und steckte mir ihre Hand in die Hose. Dabei berührte sie mich zärtlich und holte sich ihre Belohnung. Dann verschwanden sie hinter der Bühne.

Die Frau neben mir fragte ob es mir gefallen hätte und ich musste zugeben dass es weder anrüchig noch ekelig war, sondern mich eher erregt hätte.

„Schauen Sie, Sie haben es gut, sie können jetzt da hinausgehen und sich mit einer der Damen vergnügen. Für mich gibt es das hier leider nicht".

Ich stammelte etwas davon, dass ich das gar nicht vor hätte und nur der Show wegen gekommen wäre und es eh das erste Mal gewesen wäre.

„Sie können es sich aussuchen, eine der Damen draußen oder sie kommen mit mir in mein Penthouse. Ich wohne nicht weit von hier."

Ach du Schreck dachte ich mir und bevor ich mich richtig entscheiden konnte stand sie auf und ging. Ich fühlte mich in diesem Moment irgendwie alleine gelassen wie ein billiges Sexobjekt. Trotzdem beschloss ich ihr nachzugehen. Auf dem Weg zum großen Tor kam ich bei allerlei tollen Frauen vorbei. Sicherlich Professionelle, aber eine schöner als die andere. Hier konnte ich sogar zwischen verschiedenen Typen wählen. Doch dann entschied ich mich endgültig der edlen Dame zu folgen und beschleunigte meine Schritte die von steigender erotischer Neugier begleitet wurden. Außer Atem angekommen, drehte sie sich um und gab mir einen Kuss: „Sag nichts, komm einfach mit mir."

Ohne zu zögern nahm ich instinktiv ihre Hand und wir liefen zu ihr nach Hause. Am Eingang las ich „Steuerberater Konstanze von Link, 6.Stock".

„Bist Du das?" Sie drückte mir ihren Zeigefinger auf die Lippen und sagte nur: "Sch….., keine Fragen."

Wir fuhren mit dem Lift direkt in ihr Penthouse. Es war verdammt edel eingerichtet. Sie zog ihren Mantel aus. Darunter trug sie ein wundervolles Pajettenkleid, in dem man ihre wunderbaren Kurven sehen konnte. „Spiel ein Spiel mit mir", sagte sie. „Sei mein Kunde". Nachdem ich nicht wusste wie das ging fragte ich einfach: „Was machst Du?"

Prompt antwortete sie: „Alles was Du willst, eine Stunde kostet 100€, wenn Du magst kann auch meine Freundin dazu kommen, dann kostet es 200€."

Ich war verunsichert. Sie ging zum Kühlschrank und holte eine Flasche Champagner: „Der geht aufs Haus", sagte sie und gab mir ein Glas.

So wie in der Show steckte ich mir 100€ in die Hose und sie verstand sofort. Sie griff hinein und holte den Schein hinaus.

Nachdem sie diesen in ihrem Dekolleté verschwinden ließ begannen wir zu Schmusen. Irgendwann schob sie ihr Kleid hoch und fragte, ob mir gefiele, was ich sehen würde. Ich nahm sie und ich merkte, wie gierig sie war. Direkt ausgehungert kam sie mir vor. Irgendwann sagte sie: „Und jetzt bin ich dran!"

Was dann passierte habe ich vergessen. Ich musste zu betrunken gewesen sein. Jedenfalls wachte ich irgendwann am Morgen auf. Ich war schon spät dran für die erste Sitzung. In einem Seidenbademantel kam sie aus der Küche und brachte mir einen Kaffee. Die 100€ gab sie mir zurück.

Zum Abschied küsste sie mich auf die Wange und bat mich ich solle mich einfach melden, wenn ich das nächste Mal in Hamburg wäre, denn wir konnten uns ja gar nicht richtig kennenlernen.

Ich würde sie im Internet finden, ich bräuchte nur unter Steuerberater zu suchen.

Zwei Stunden später saß ich wieder in einer Sitzung. Im dunklen Anzug mit Krawatte und dachte mir nur: „BlaBlaBla, was für Langweiler."
Am Nachmittag flog ich nach Hause und fühlte mich wie nach zwei Wochen Urlaub in einer anderen Welt. Die Dienstreise hatte sich also gelohnt.

# Die Neandertaler

Um 18 Uhr kam ich zu Hause an und schloss die Türe auf. Lisa saß mit einigen Freundinnen am Esstisch, beratschlagte sich über ihre Kinder und deren Erziehung.

Manu war auch da. „Hallo Schatz", sagte Lisa.

„Hallo zusammen."

„Wie war die Reise? Wir ratschn grad noch ein wenig."

„War ganz ok, anstrengend, ich schau mal zu den Kindern rein."

Ich ging hinauf und schaute kurz ins Kinderzimmer. Beide spielten friedlich.

Nachdem ich mir etwas Bequemes angezogen hatte, ging ich wieder hinunter und holte mir einen Eistee aus dem Kühlschrank.

Manu drehte sich zu mir um und sagte: „Du willst doch lieber ein Bier, oder?"

Ich wollte jedem Streit aus dem Weg gehen und druckste rum.

„Im Keller steht ein ganzer Kasten", sagte Lisa.

Ich war baff. Niemals hätte ich geglaubt, dass so etwas noch passieren würde.

„Kannst Dich bei Manu bedanken, sie hat mir den Kopf gewaschen. Aber nur eins, gell?"

Eigentlich hätte ich bei diesem Satz schon wieder lostoben können, aber ich war zufrieden, wenigstens soweit gekommen zu sein.

„Wir sprachen gerade von deiner lustigen Erzählung bei der letzten Party. Fällt Dir zu dem Thema noch mehr ein?", fragte Birgit.

„Naja ich weiß nicht, das war eine spontane Eingebung.

Es geht mir dabei auch nur darum, dass mir die Emanzipation zu weit gegangen ist. Es kann einfach nicht mehr sein, dass alles an den Männern hängen bleibt. Ich versuche das einfach von der lustigen Seite zu betrachten."

„Und was passt Dir an der Emanzipation so grundsätzlich nicht?" fragte Manu.

"Naja schau her: Nachdem jede Medaille immer zwei Seiten hat, hat auch die Emanzipation eine zweite, vielleicht negative Seite. Letztes Wochenende habe ich Euch zu Eva & Adam ins Paradies geführt. Heute möchte ich deutlich weltlicher werden und in der Evolution den ersten Schritt in die Menschheit machen.

Schauen wir mal zu den Neandertalern."

„Interessant, sind wir jetzt Neandertaler?", fragte Lisa und schüttelte dabei den Kopf. „Lass ihn doch mal", entgegnete ihr Birgit.

Ich fuhr fort: „War das nicht schön? Berge, Täler, Wälder und Wiesen. Alles ohne Straßen, Häuser, Telefon, Computer und Flugzeuge. Die Klimakatastrophe noch ganz weit weg.

Da konnten Männer jagen und fischen so viel sie wollten. Und die Kleidung war auch ideal. Ein kurzes Fell im Sommer und ein langes im Winter. Paradiesisch, nicht wahr?"

„Zumindest was die Dreckwäsche angeht", sagte Manu.

„Aber das macht bei Euch doch Torben!", entgegnete ihr Birgit und sie mussten alle lachen.

„Der ganze Tag bestand aus Spaß mit deinen Kumpels. Alle machten das Gleiche und man tat alles gemeinsam.

Essen wie man wollte: Rohes Fleisch, roher Fisch, keine lästigen Manieren oder Wurstgabeln. Ist Euch eigentlich mal aufgefallen, welch großen Wert Frauen auf Wurstgabeln legen? Wenn Männer Frühstück machen oder Brotzeit herrichten, dann liegt auf der Wurstplatte nie eine Gabel. Weil es ist ja auch egal, denn die Wurst die man anfasst isst man ja auch selbst. Bei Frauen liegt da immer eine Wurstgabel. Und Frauen sind sich auch einig darüber, dass es ohne gar nicht geht."

„Klar, sonst ist es doch ekelig", sagte Lisa.

„Und versucht doch mal gegen die Wurstgabelmafia anzukommen. No Way! Im Vertrauen, meist wird das Gepfriemle mit der Gabel eher zum unhygienischen Austausch von Bakterien. Ich habe auch schon gesehen wie Lisa Wurst auf die Gabel gesteckt hat, weil sie dachte, es bekäme keiner mit."

Alle lachten!

„Aber nun wieder zurück ins Paradies für Männer, dem Neandertal. Man durfte sich da auch mal zwischen den Beinen kratzen, ohne dass es jemandem unangenehm aufgefallen wäre, denn es tut ja schließlich gut.

Aber alles was gut tut, soll der Mann nicht, gell?"

„Wäre ja auch zu viel des Guten", frotzelte Birgit.

„Jetzt hatten wir also diese wilde Horde Männer und jeder wird sich fragen, was denn mit den Neandertalerfrauen war. Die gab es selbstverständlich auch. Die sammelten alles was man so zum Essen brauchte. Früchte und Gräser(Gemüseverschnitt) und aßen dann gemeinsam in ihren Höhlen oder dem ihnen zugedachten Platz im Wald. Was gemerkt?"

„Klar, dass wir die richtige Ernährung haben", gab Lisa zum Besten. „Ja, weil ihr glaubt in der Gala steht immer das richtige. Nur die Neandertalerinnen hatten keine Gala."

„Soso, aber egal. Männer sind Fleischesser und Frau-
en eben nicht. Das Wort vegetarisch bekam schon
damals eine Dimension. Natürlich hatten die Neandertaler auch Kinder. Die Frage ist nur, wie es denn
dazu gekommen ist, dass vegetarische Frauen mit

fleischfressenden Männern, die keine Wurstgabel verwendeten, Sex haben konnten?"

Manu lachte laut und klatschte mit der flachen Hand auf den Tisch.

„Ich führe das auf die Theorie des Selbsterhaltungstriebes zurück. Zum damaligen Zeitpunkt war die Situation jedoch noch sehr entspannt. Der Neandertalermann nahm während der Brunft ein oder zwei Neandertalerfrauen. Nachdem diese schwanger waren, durfte der Mann wieder seinem Vergnügen nachgehen.

Nicht mehr, aber auch nicht weniger. Sehr entspannend, nicht wahr? Und vor allem bot dies auch oft eine jährliche Abwechslung. Schade nur, dass die Neandertalerfrauen irgendwann mitbekamen, dass sie die Gelackmeierten waren.

Man bemerke, Männer konnten Spaß mit verschiedenen Frauen haben, ein Traum, und Frauen durften den Rest machen. Gott sei Dank sind Frauen nicht immer so schnell und der Prozess des Verstehens dauerte viele tausend Jahre."

„Aber jetzt haben wir alles im Griff!", rief Manu.

„Ja mei, deswegen habt ihr auch die Ehe erfunden, denn die Idee der monogamen Bindung kann lediglich von einer Frau kommen. Ein Mann hätte dies nie erfunden!" Birgit schaute mich mit großen Augen an.

„Ich finde es allerdings beachtlich, dass es andere Völker und Glaubensgemeinschaften geschafft haben, sich nicht dieser Langeweile zu unterwerfen. Ob Mormone oder Scheich, hier kann der Mann noch Mann sein.

Doch nun noch mal zurück zu unseren Höhlenmenschen.

Wie wir ja alle wissen, ist das Volk ausgestorben bzw. in irgendeiner evolutionären Weiterentwicklung aufgegangen."

Ich trank mein Bier aus und unterbrach.

„Was soll das jetzt?", fragte Manu. „Wir wollen das hören!"

Ich öffnete meinen Mund und deutete mit dem rechten Zeigefinger an, dass dort etwas hineingehöre.

Manu verstand sofort um was es ginge: „Lisa hol Deinem Mann noch ein Bier.

Er ist ausgetrocknet." Ich musste lachen.

Lisa stand tatsächlich auf, ging in den Keller, holte mir noch ein Bier und brachte dann die Kinder ins Bett.

„Na gut, dann weiter, wo war ich?"

„Dass man es nicht genau nachvollziehen kann in welchem Volk die Neandertaler aufgegangen sind", sagte Birgit.

„Genau, so genau kann man das nicht nachvollziehen. Jedoch das ein oder andere Indiz für die Theorie gibt es heute noch.

Männer gehen immer noch gerne auf die Jagd und rotten sich an Stammtischen zusammen, um einfach nur Spaß zu haben - Bier, Schnaps, Fleisch. Die Frau wird mittlerweile auch wieder häufiger gewechselt. Durchschnittlich zumindest einmal im Leben. Dieser Spaß ist zwar nicht ganz billig, aber erfüllt durchaus seinen Zweck. Und man beobachtet auch wieder immer öfter, dass Frauen sich mit ihren Kindern an Kinderspielplätzen gruppieren, um gemeinsam fleischlose Kost zu genießen. Allerdings nicht gesammelt, sondern vom BIO-Bauern. Bedeutet dies nun die Rückkehr zum Neandertaler?

Naja, wenn ich mir vorstelle, fünf Stammtischbrüder, ziemlich breit, treffen auf die Vegetarier-Kolchose am Kinderspielplatz, kratzen sich zwischen den Beinen und pfeifen sich dabei etwas fleischhaltige Kost rein, bin ich mir nicht sicher, ob auch heute noch der Selbsterhaltungs- oder Fortpflanzungstrieb der Frauen geweckt werden würde."

„Bestimmt nicht", sagte Lisa, als sie wieder dazu kam. Irgendwie hatte ich aber das Gefühl, dass sie mit ihrer Meinung alleine war.

Birgit sagte: „Zum Glück gibt es da ja noch die Verständnisvollen. Sozialpädagogen oder Männer mit Halbtagsjob, die sich gerne mal auf diesen Spielplätzen rumtreiben. Es sind genau die Männer, die sich aufopfernd um ihre Kinder kümmern und Ersatzmama spielen während die Frau ihrem Beruf nachgehen kann."

„Super Birgit, und genau die sind es, die uns immer wieder als Vorbild vorgehalten werden. Nimm Dir mal ein Beispiel an Torsten und Sören. Ist Euch aufgefallen, dass diese Typen immer Torsten oder Sören heißen? So Weicheinamen halt. Das liegt daran, dass das die Generation Mann ist, die von 68er Hippies erzogen wurde. Frei nach dem Motto: *„Peace, gebt den Kindern Freiheit und du musst dich nicht um sie kümmern."* Aber nimm sie als Vorwand, um nicht wirklich arbeiten zu müssen, weil Du voll in der Erziehung aufgehst. *„Ich kann nur Teilzeit arbeiten, weil ich am Aufwachsen meiner Kinder teilhaben möchte."* Der Spruch zeugt von elenden Feiglingen, die ihre Kinder vorschieben, um sich nicht dem Beruf stellen zu müssen. Nicht, dass ich meine Kinder nicht erziehen möchte, aber Haus, Auto, Urlaub und Geld wollt ihr doch auch, oder Lisa?"

Plötzlich war es still und Manu meldete sich zu Wort: „Genauso ist es Stefan. Mir wird immer klarer, dass etwas nicht stimmt und wir uns neu erfinden müssen, um wieder in ein richtig geordnetes Leben zu finden, das für beide fair und liebenswert ist."

Keine der anderen Damen sagte etwas. „Danke Manu, dass Du ihm auch noch Recht gibst. Es war außerdem nur eine Geschichte nichts Ernstes!", frotzelte Lisa. Die Stimmung war gekippt und die Damen beschlossen nach Hause zu gehen. Auf dem Weg nach draußen war Manu hinter mir und gab mir einen Klaps auf den Po. Im Vorbeigehen flüsterte sie: „Ich bin zu allem bereit mein Neandertaler." Die totale Verwirrung überkam mich.

Den Gefallen, den meine Frau schon lange an mir verloren hatte, fand plötzlich Manu.

Ich war in einem Konflikt. Sicher, die Erlebnisse der letzten Tage gaben mir wieder das Gefühl ein Mann zu sein, aber irgendwann musste ich ein sauschlechtes Gewissen Lisa gegenüber bekommen.

# Weiber und ihre Hunde

„So Schatz, ich geh jetzt noch mit dem Hund raus ein bisschen Agility machen, räumst Du bitte derweil den Tisch ab?"
Und da war sie wieder, meine Lisa. Ihrem Vergnügen nachgehen und mir die Arbeit überlassen.
„Sag mal, die Unordnung habt doch Ihr gemacht, warum soll ich das jetzt aufräumen. Ich hatte immerhin einen anstrengenden Tag und dachte, Du machst mir was zu Essen und ich kann auf die Couch gehen."
„Was heißt hier anstrengend, Dein bisschen Sitzung abhalten und rumfliegen.
Das ist doch ein Vergnügen, ich hab den ganzen Tag nur Ärger mit Deinen Kindern. Jetzt hör auf und räum das Zeug weg!"
Ich hatte keine Chance noch etwas zu sagen, da war sie schon mit dem Hund verschwunden.

Das mit dem Hund war auch so eine Sache: Früher hatten Männer Hunde. Ob Rauhaardackel oder Schäferhund. Oder von mir aus auch den königlichen Pudel.

Heute haben Frauen ihre Liebe zu den Hunden ent-
deckt.

Wie und warum auch immer ist unklar.

Entweder es geht darum, dass sie beim Hund besser
machen wollen, was bei den Kindern in die Hose ging
oder sie suchten ein neues Mittel, um sich um die
Hausarbeit zu drücken.

Vielleicht folgten sie auch einfach der Boulevardpres-
se und den Schönheiten, die heute alle Hunde haben.

Wenn man daran denkt wie der Hund früher erzogen
wurde und es heute die Jäger noch tun, so schauder-
haft sind die neuen tierischen Zusammenrottungen
der Weiber, die sich Hundeschulen nennen.

Einen Hund zu haben und mit ihm zu arbeiten heißt ja
jetzt Agility. Man glaubt es kaum. Und Agility ist sehr
wichtig. So wichtig, dass man dreimal am Tag mit
dem Hund nicht nur Gassi gehen, sondern auch mit
ihm arbeiten muss.

Und zweimal in der Woche trifft man sich zum Agility-
Kränzchen in der Hundeschule. Dort sind dann auch
Gleichgesinnte, die sich gerne vom Hunde-Profi oder
Dog-Consultant für viel Geld erklären lassen, dass so
ein Hund das tun muss was man ihm sagt und nur auf
richtige Kommandos hört und nicht auf: „Jetzt setz
dich doch mal bitte hin".

Wenn er es doch tut, dann liegt es nur daran, dass er
sehr gut hört und das Wort *setz* erkannt hat.

Es ist dem Wort *Sitz* sehr ähnlich und deswegen sitzt
er dann vielleicht auch. Aber das hätte ich Lisa und
ihren Freundinnen alles kostenlos sagen können. Ich
glaube es geht nur wieder um die weibliche Zusam-
menrottung, die einem die Hausarbeit und anderes
erspart. Es beginnt bereits morgens, wenn Frühstück
zu machen ist und die Kinder in die Krippe müssen.

„Schatz, kannst Du bitte mal die Kinder und das Frühstück herrichten? Ich muss mit dem Hund raus."

Und weg ist sie. Zusammen mit ihrem Hund, der Agili-
ty-Leine, sau teuer im Fachhandel, weil es eine Agili-
ty- und nicht mehr Hundeleine ist.

Das Schöne am Morgen ist dann, dass viele Gemein-
den mittlerweile Hundespielwiesen eingerichtet haben.

Dort ist der morgendliche Treffpunkt der lieben Frauchen. Gleich mal mit Freundinnen in den Tag starten.
Den Rest mach ja ich. Und wenn sie heim kommt ist

dann auch endlich Ruhe. Mann und Kinder aus dem Haus! Wie praktisch doch der Hund ist! Der Tag ist nun auch verplant, Terminvereinbarungen waren auf der Hundespielwiese sofort zu treffen. Wenn die Kinder aus der Krippe kommen, schnell Mama-Miracoli auf den Tisch und dann gleich wieder los. Mit dem Hund natürlich.

Im Nachbarort hat ein neuer Hundeladen aufgemacht, da muss man hin.

Wenn ich ein Resümee ziehe:
Ich habe  nur ein Auto
Meine Frau arbeitet nicht
Ich habe Kinder
Wir haben einen Hund.

Diese vier Faktoren ergeben in ihrer Korrelation zueinander, dass ich die **Vollarschkarte** habe. Mir wird immer klarer ich habe alles an der Backe. Geld verdienen, Kinder hüten, Haushalt schmeißen.
Lisa hat dazu keine Zeit mehr!

Aber so wollte ich das nicht weiter ertragen und der Gedanke, sie solle sich von mir trennen, blieb. Natürlich liebe ich meine Kinder und zwar sehr. Sie sind das Größte was mir jemals passiert ist,
nur so habe ich mir das nicht vorgestellt und wer gibt meiner Frau das Recht, sich so zu verhalten und mich so zu vernachlässigen? Ich bin doch auch noch da.
Also was tat ich? Ich räumte mal wieder alles auf und machte in der Küche sauber.

Mal wieder nachgegeben, dachte ich mir. Jedenfalls waren die Erlebnisse der letzten Tage auch ein Fingerzeig für mich. Ich fand die anderen Frauen toll und war bereit, mich neu zu verlieben.

Als ich mit meinen haushälterischen Tätigkeiten fertig war, schaltete ich den Fernseher ein. Ich wollte noch etwas runterkommen bevor ich ins Bett ging. Morgen früh ereilte mich ja wieder der übliche Alltag.
Um halb 11 kam dann auch Lisa zurück und der Hund tappte mit seinen nassen Pfoten herein. Er hinterließ überall Spuren und Dreck. „Sultan, geh in deine Ecke, dein Frauchen soll dir erst mal die Pfoten waschen."
Tatsächlich verzog sich Sultan auf seine Decke im Esszimmer und setzte sich hin. Lisa ging sofort zu ihm: „Armer Sultan, ist Herrchen wieder böse mit dir, mein armer Kleiner. Stefan hol mal einen Lumpen und putz die Spuren weg."
Jetzt reichte es mir: „Du kannst mich mal, Dein blöder Köter hat den Dreck gemacht, also mach es selbst."
Lisa verschlug es die Sprache. „Wie redest Du denn mit mir, ich bin doch nicht Dein Fiffi!"
Zumindest war meine Ansprache wohl angekommen und Lisa holte einen Lumpen aus dem Keller und putzte den Dreck weg.
Als sie sich vor mir bückte konnte ich nicht an mich halten: „Ja Baby, zeig mir mehr, beweg Dich!" Sie drehte sich um und fragte, ob ich ihr auf den Arsch geschaut hätte, dass würde sie sich verbieten.
„Und jetzt soll ich wohl auch noch an der Stange für Dich tanzen und mich ausziehen, was?"

„Das wäre doch mal was anderes, ich fände es gut", antwortete ich ihr.

Ich verstand langsam die Welt nicht mehr, sie hatte ihren Sinn für Humor völlig verloren.

„Jetzt zeigst Du Dich von Deiner richtigen Seite, meine Eltern hatten mich ja vor Dir gewarnt. Ich versteh nur nicht warum Du die letzten Jahre so ein Traum von einem Mann warst und jetzt wirst Du langsam unausstehlich."

„Nur weil ich sage was mich stört? Wer hat sich denn in den letzten Jahren eine heile Welt hergerichtet und mich zum Deppen degradiert, der mit Fahrradhelm im strömenden Regen am Bahnhof stehen muss?"

„Torben hat mir gestern gesagt, dass er Dich auch nicht verstehen würde und ich aus seiner Sicht voll im Recht bin!"

„Na das sieht Manu aber anders, ihr geht er auf den Geist mit seiner Laschipappi-Schnuffi-Nummer."

„Ach ja, Manu. Soso, dann geh doch zu Deiner Manu! Wirst sehen was Du davon hast!"

Es eskalierte und ich hatte so gar keinen Bock auf Streit, also stand ich auf und versuchte Lisa in den Arm zu nehmen.

Sie erwiderte die Zärtlichkeit und entschuldigte sich.

„Es tut mir leid, mir wächst grad alles über den Kopf.", sagte sie mir.

Und was tat ich? Ich zeigte Verständnis.

„Ist ja schon gut, wir kriegen das alles hin, ich unterstütz Dich wo ich kann, ok?" Sie beruhigte sich, aber ausgestanden war die Sache noch nicht.

# Der Stammtisch

Am nächsten Morgen fuhr ich mal wieder mit dem Fahrrad zum Bahnhof, des lieben Friedens willen. Zumindest mit den Kindern hatte sie mich in Ruhe gelassen. Als ich ins Büro kam begrüßte mich Beate. „Schön dass Du wieder da bist, wie war es in Hamburg?" „Ganz gut, die Ergebnisse können sich sehen lassen."

Ich versuchte sie nicht weiter zu beachten und setzte mich an meinen Schreibtisch.

Kurz drauf klingelte mein Handy und Torben war dran: „Hi Stefan, Du die andern Jungs und ich planen was Großes. Wir wollen einen Stammtisch gründen und durchsetzen, dass wir einmal die Woche frei bekommen, um uns im Wirtshaus zu treffen."

Ich musste kurz lachen.

„Schöne Idee Torben, findest Du das nicht etwas brutal. Ich bin mir nicht sicher, ob Manu damit einverstanden ist."

„Manu hat mir gesagt es wäre ok, wenn sie anstatt mir jedes zweite Mal mitgehen könnte. Damit war ich einverstanden."

„Ok, ich bin dabei."

„Musst Du nicht erst Lisa fragen?"

„Bestimmt nicht, das teile ich ihr nur mit!"

Doch dazu sollte es dank Manu gar nicht kommen.

Als ich abends nach Hause kam, stand Lisa schon mit verschränkten Armen da und erwartete mich: „Manu hat mir erzählt ihr wollt donnerstags einen Stammtisch gründen?"

„Ja, was ist daran so schlimm, Du hast doch auch deine Weiberkränzchen?"

„Aber es gibt klare Regeln. Nicht zu viel Bier, keine Zigaretten und um elf bist Du wieder da. Wir Frauen verschieben unser Joga-Kränzchen dafür auf Freitag, da ist noch nichts anderes geplant."

„Na gut, wenn Du meinst."

„Ich bin nicht glücklich damit, aber Manu meinte wir müssen den Männern etwas Freiheit geben. Mir sind da zwar gleich wieder die Neandertaler eingefallen, aber wenn es Dich zur Vernunft bringt, dann ist es ok für mich."

Es war also ok für sie. Sie hatte also mal wieder entschieden. Ich entschloss mich, den Kompromiss anzunehmen und am nächsten Donnerstag trafen wir uns im Wirtshaus.

Am Tisch gegenüber saß ein anderer Stammtisch. Lauter alte Einheimische, die ein Bier nach dem anderen tranken und über ihre Frauen herzogen.

Das was man da zu hören bekam klang wie Musik in meinen Ohren. Sebastian, Torben und Holger kamen auch dazu.

In Erinnerung an Hamburg bestellte ich erst mal vier Bier und vier Kurze. Am Anfang schauten sie recht komisch, aber dann nahmen sie den Getränkevorschlag an.

Einige Runden später hatte ich schon wieder genug von der Unterhaltung. Es drehte sich nur um Krippenzeiten, Windeln und wie man Haushalt und Beruf unter einen Hut brachte.

Da erklärte ich Ihnen, dass die Jungs am anderen Stammtisch die viel besseren Themen hätten und philosophierte wie man die Erfahrung dieser Männer nutzen könne, um zu Hause besser klar zu kommen.

## Und wieder das Auto

Ich erklärte ihnen, dass wir zugrunde gerichtet wurden und versuchte zu argumentieren warum.
„Schauen wir einmal auf die Fortbewegung der Menschheit. Wir haben Bahn, Bus, Auto, Fahrräder, Flugzeuge, Schiffe und Füße.
Schaut man das wirtschaftliche Verhältnis einzelner zurückgelegter Strecken an, dann ist die längste immer noch die, die wir auf dem Weg zur Arbeit hinter uns lassen. Also ist das auch der Kostenpunkt, an welchem man wohl am besten sparen kann, wie es scheint. Doch aufgepasst, dieses Sparpotential wirkt sich nur negativ auf Eure Komfortzone aus. Denn Frauen lassen eine Einschränkung ihrer persönlichen Bewegungsfreiheit nicht zu."
„Naja, ich kann ja zu Fuß ins Büro gehen", sagte Torben.
„Aber wir nicht, Tag ein Tag aus steh ich am Bahnhof, ob es regnet oder schneit", entgegnete Sebastian,
„Bei uns zu Hause hätte es das nicht gegeben."

„Du meinst die schönen Siebziger?
Männer mit Auto in die Arbeit!
Frauen mit Klapprad zum Einkaufen!"
Holger fragte: „Was stimmte damit denn nicht?" Wir waren uns einig: Nichts. Alles war damals gut.
„Und was ist heute? Mann mit Klapprad, Hosenklammer und Fahrradhelm in die Arbeit oder zu den Öffis. Frau mit sündhaft teurem SUV zum Einkaufen

oder in die Arbeit oder zum Kindergeburtstag oder zum Jahrestag der Hormongluckenvereinigung oder zur Scheidungsvorbereitung oder zum vegetarischen Heiki-Reiki, oder, oder, oder.

Lasst uns das Ganze noch mal wirtschaftlich betrachten", merkte ich an.

„Im Zeitalter der teuren Brennstoffpreise versteht sich, dass gerade das Auto ein Stellhebel ist, der zum Sparen einlädt. In den Ballungszentren, in welchen es einen sehr guten Anschluss an die öffentlichen Verkehrsmittel gibt, ist es also oftmals gar nicht notwendig ein Auto zu besitzen, geschweige denn zwei. Nun stellt sich die Frage: Wie viel Auto braucht man dann überhaupt? Die Antwort lautet: zumeist eins.

Gehen wir nun mal davon aus, wir sprechen von einer Familie mit zwei Kindern und beide Eheleute sind Akademiker, ihr Studium war also voll für den Arsch, als Friseuse könnte sie wenigstens schwarz arbeiten, er geht in die Arbeit."

Sie lachten.

„Die Familie zählt sich also zum gehobenen Mittelstand. Gestehen wir dem Mann ein bisschen Glück zu, was wird die Familie wohl für ein Auto fahren? Genau einen SUV." Torben meldete sich: „Wir haben so einen ungarischen SUV"

Wie aus der Pistole geschossen sagten alle: „Arme Sau! Das ist kein SUV, sondern eine Krankheit."

Ich versuchte weiterzumachen: „Die Alte ist ja Studierte, stammt häufig aus gutem Elternhaus, wird also auch gut gekleidet sein und diese Tussen wollen einen SUV. So, man hat sich also häuslich eingerich-

tet, alles ist fein sortiert, alles ist organisiert. Wer
sollte das Auto bekommen?"

„Klar, der Mann", sagte Holger. „Er ist erfolgreich,
muss flexibel sein, hat täglich den längsten Weg zu-
rückzulegen.
Ich denke wir sind uns einig Männer, oder?" Alle nickten zustimmend.

„Tja, nur falsch gedacht, die Frau bekommt das Auto,
weil sie muss flexibel sein und hat die längsten Wege.
Wie oben schon erwähnt werden in der heutigen Zeit
im Zusammenhang mit Frauen, Kindern und Freizeit
bis zu 100km an Nachmittagen zurückgelegt. Hält
man sich das vor Augen, dann kann einem schon der
Gedanke kommen, ob das alles einen Sinn macht? Da
kann man doch viel eher sparen. Und wo kommen
diese Kilometer denn her?"

Sebastian sagte: „Keine Ahnung, meine Frau kann es
sich auch nicht erklären."

„Passt auf: Kinder-Schule-Reinigung-Laberkreis-
Stadt(shopping)-Schule-Ballett-Reiten-
Musikunterricht-Fitnessstudio-Kindergeburtstag. Was
gelernt? Ja Leute, das sind Kilometer und da muss
Frau flexibel sein, sonst ist das zeitlich nicht zu schaffen! Ich könnte jetzt noch den Golden-Retriever hin-
zupacken der im Porsche Cayenne so gut zum
schwarzen Velours im Kofferraum passt. Dann kämen
noch Hundeschule, also Agility und der Tierarzt hinzu.
Übrigens: Gegenargumente, die gegen diese Strecke
sprechen, gibt es nicht, denn die Anfahrtsziele werden an unterschiedlichen Wochentagen nur gegen
andere ausgetauscht: Friseur, Arzt, Kosmetikerin,

Selbstfindungsseminar usw., usw., usw.. Heftig oder?"

„Ja, aber Birgit und ich gehen beide in die Arbeit und sie muss ja die Kinder zur Krippe bringen", sagte Sebastian.

„Ok, dann nun zur Business-Familie. Beide Akademiker, sie will auch arbeiten und kann Karriere machen, da es eine Frauenquote gibt."

„Sonst würde die Dumpfbacke immer noch Semmeln verkaufen", sagte Holger und alle lachten.

„Also wir nehmen noch zwei Kinder an. Nun die Frage: Wer bekommt das Auto? Richtig, wieder die Frau. Sie braucht Flexibilität, um in die Arbeit zu kommen. Es könnte ja auch mal ein Kind krank werden oder so. Dann muss Frau ja schnell nach Hause. Was ist denn nun die Schlussfolgerung? Meines Erachtens ist und bleibt der Mann der Arsch. Das ist klar, aber muss es denn sein, dass wir anstatt mit einem Sportwagen ins Büro zu fahren und dort unseren teuren Designeranzug auszuführen,  mit einem alten Klapprad, Fahrradhelm und einer Hosenklammer unseren Billig-Anzug an den Bahnhof stellen?

Wir sind doch über die Jahre von Paschas zu Fahrradhelmschnuffis geworden, so ist es doch!"

„Gibt es denn so gar keinen Kompromiss", fragte Holger.

„Doch wir müssen kämpfen, zumindest für das Anrecht, unser Auto an einem Tag in der Woche zu fahren.

Verliert Euer Gesicht nicht ganz."

Alle klopften auf den Tisch und wir gaben uns gegenseitig Zuspruch.

Es war 22:45 Uhr und ich dachte an Lisa. Ich sollte um 23 Uhr zu Hause sein. Als ob es abgesprochen wäre, schauten auf einmal alle auf die Uhr und zahlten.

„Habt Ihr alle ein 23-Uhr-Gebot bekommen", fragte ich.

„Ja scheinbar", sagte Torben.

„Dann wehren wir uns jetzt Männer", sagte ich und bestellte noch eine Runde. Erst um eins begaben wir uns auf den Heimweg. Zu Hause schlich ich mich leise hinein. Dann ging plötzlich das Licht an: „Wir haben 23 Uhr gesagt nicht halb zwei! So kann ich Dir nicht vertrauen. Du schläfst auf der Couch", schimpfte Lisa und verschwand wieder nach oben ins Schlafzimmer. Auf der Couch lag mein Bettzeug. Vielleicht war ich ja einen Schritt weiter gekommen mit meinem Plan. Ich zog mich aus und legte mich hin. Die Müdigkeit hatte mich schnell übermannt.

Um 7 Uhr wurde ich aus dem Schlaf gerissen weil Lisa an mir rüttelte: „Du bist spät dran und verpasst noch Deinen Zug!"

„Ich nehme das Auto, jetzt lass mich noch schlafen", war meine ganze Antwort. Lisa kochte vor Wut und schmiss mir ein Kissen an den Kopf. „Du kriegst das Auto nicht, schau doch, wie Du in die Arbeit kommst!" Ich stand auf und schüttelte sie.

„Ich hab die Schnauze voll, warum musst Du immer alles entscheiden? Du! Du! Du! Was ist denn mit mir?"

Damit hatte sie nicht gerechnet. Die Tränen liefen ihr über das Gesicht und sie versuchte sich an mich zu kuscheln.

„Wenn es Dir so wichtig ist, dann ok, nimm das Auto, aber nur heute, ja?" Ich hätte schon wieder aus der Haut fahren können, aber beließ es dabei. Wenig später fuhr ich ins Büro.

# 3 sind Eine zu Viel

Beate merkte gleich, dass mit mir etwas nicht stimmte und versuchte mich zu trösten. „Stefan, was ist denn los? Du bist ja völlig aufgelöst."„ Immer entscheidet sie und ich soll nach ihrer Pfeife tanzen. Ich hab da keinen Bock mehr drauf!" „Aber dann musst Du mit ihr reden."

„Das hab ich schon versucht. Sie droht nur mit Scheidung und was soll ich denn ohne sie und die Kinder tun, alleine will ich auch nicht sein." „Dann komm ihr entgegen und trag Dein Säckchen weiter, mehr kannst Du nicht tun."

Beate schloss die Tür zu meinem Büro und setzte sich zu mir auf den Schoß. Ich legte meinen Kopf auf ihre schönen Brüste und sie streichelte mich zärtlich, um mich zu trösten. Plötzlich verschwanden meine Finger zwischen ihren Beinen.

„Stefan, wir wollten das doch lassen", sagte Beate. „Na gut", ich nahm meine Hand wieder weg. Sie schaute mich fragend an und legte meine Hand dann zurück wo sie war.

„Mach fester Stefan, das ist geil", stöhnte sie mir ins Ohr und griff zu ihren Brüsten um sie aus dem Top zu holen. Mit meiner anderen Hand musste ich ihre Brüste fest drücken. Kurz drauf kam sie. Sie öffnete mir die Hose und begann mich zu massieren. Immer wieder küsste sie mich dabei und als ich so weit war setzte sie sich auf mich und genoss meine Wärme.

„Dafür, dass wir das nicht mehr tun wollten war es scheinbar ziemlich geil, oder?", fragte ich Beate. Sie nickte nur zustimmend und richtete ihre Kleidung. Dann ging sie wieder hinaus an ihren Platz.

Am Abend hatte sich die Lage wieder beruhigt. Lisa war gut drauf und begrüßte mich freundlich. Ja sogar eine Gefrierpizza hatte sie mir hergerichtet. Klar das ist nicht das beste Essen, aber besser als ihr Gemüse-auflauf.
„Ich geh dann zum Joga, bis später."
Sie gab mir noch einen Kuss und verschwand.
Um acht brachte ich die Kinder ins Bett und setzte mich an den Esstisch. Ich schaute noch meine eMails durch und wollte mich dann auch hinlegen, als es klingelte.
Vor der Tür stand Manu.
„Ich dachte Ihr seid in Joga."
„Ich hab abgesagt, die glauben, mir tut der Fuß weh."
Manu kam rein und ging sofort auf mich los.
„Nimm mich jetzt bitte, ich halte das nicht aus, Du bist der geilste Mann, dem ich in den letzten Jahren begegnet bin!"
Ich besorgte es ihr auf dem Küchentisch und erinner-te mich an Hamburg und Beate, also zeigte ich ihr was mir Juanita beigebracht hatte.
Sie sagte nur „Mein Sexgott", als sie zum Orgasmus kam.
Dann war ich auch ich soweit und genoss ihr warmes Geschmeide.
„Scheiße!" sagte Manu.
„Warum? Du wolltest es doch unbedingt!"
„Ich bin in der heißen Phase, Mist!"

„Na toll, wenn Du jetzt schwanger wirst, sitzen wir ganz schön in der Zwickmühle."

„Wird schon gut gehen." Manu stand auf und begann von vorne. Diesmal mit ihrem Mund. Ich sackte zusammen und wir lagen auf dem Boden. Während sie mich verwöhnte, fingerte ich sie und wir kamen beide erneut. Ich wunderte mich über meine Potenz aber scheinbar war ich noch gut zu gebrauchen.

„Das ist nicht normal", sagte sie.

„So etwas habe ich schon lange nicht mehr erlebt, wir gehören scheinbar zusammen."

Ich erschrak: „Manu, jetzt mal langsam. Lisa und ich haben zwar eine Krise, aber von Trennung ist doch keine Rede."

„Lass mich nicht im Stich, Stefan, ich brauch das von Dir. Wann sehen wir uns wieder?" „Vielleicht am Wochenende oder nächsten Donnerstag, wenn Du zum Stammtisch kommst."

„Aber das dauert mir zu lange. Ich dreh zu Hause durch.

Torben geht mir nur noch auf die Nerven mit seinem Familienscheiß. Nie ist Zeit für uns beide und jetzt hat er ganz neue tolle Ideen. Ob wir uns nicht vegetarisch ernähren sollten. Ich hab ihm dann erklärt was die Kinder an tierischen Eiweißen für ihr Wachstum und das Gehirn brauchen.

Da erzählt der mir doch, dass es da tolle Nahrungsergänzungsmittel gibt. Poppen tut er nur noch nach Plan mit mir. Er protokolliert meinen Zyklus. Der hat nur noch eins an der Murmel." „Manu, jetzt beruhige

Dich mal wieder. Mir geht es doch genauso. Aber wir sollten nichts über das Knie brechen."

„Ok, Stefan. Ich sollte wohl gehen, Torben wird sonst misstrauisch." Manu verließ mich wieder und ich musste erst mal tief Luft holen. Was ich später erfahren würde war, dass sich Torben mit Lisa getroffen hatte und sie sich beide gegenseitig ausheulten, aber dazu später mehr. Ich ging unter die Dusche, kurz drauf kam Lisa zurück: „Schatz, ich bin wieder da, ich dusch noch schnell und dann komm ich zu Dir ins Bett."

Ich drehte mich auf die Seite und versuchte so zu tun als ob ich schlief. Als Lisa ins Schlafzimmer kam kroch Sie zu mir unter die Decke und ich hoffte, sie wollte nicht auch noch mit mir schlafen. Doch genau das geschah: „Was ist los mit Dir, da rührt sich ja nix", sagte sie. Wen wunderte es. „Gefall ich Dir nicht mehr?" Ich musste mir schnell was einfallen lassen.

„Nein Schatz, es war ein anstrengender Tag und ich bin einfach nur fertig." Sie akzeptierte das, allerdings sollte ich sie dann trotzdem noch anders befriedigen, was ich händeringend versuchte, doch es half nichts. Vollkommen enttäuscht drehte sie sich um und schlief ein.

# Verkehrsoberlehrer im Autohaus

Endlich Wochenende signalisierte mir die Sonne am nächsten Morgen. Die Kinder kamen zu uns ins Bett und wir tollten rum. Lisa stand auf, ging ins Bad und wollte dann das Frühstück herrichten.
„Was steht heute an?", fragte ich.
„Hat Dir Sebastian nichts gesagt?"
„Nein was denn?"
„Wir wollen alle in den Freizeitpark, da gibt es tolle Spiele, auch für die ganz Kleinen."
Mal wieder hatten andere entschieden, wie ich meine Freizeit verbringen sollte. Ich war doch komplett fremdgesteuert.
„Ok Lisa, wann geht's los?", sagte ich den Kindern zu liebe.
„Wir treffen uns um neun bei Manu und Torben und fahren dann gemeinsam hin."

Als ich endlich alle ins Auto gepackt hatte ging es los. Bei Manu und Torben warteten schon die anderen. Holger, Sebastian, Zoe und Birgit waren auch dabei, was mich beruhigte.
Wir fuhren los.
Auf der Fahrt motzte mich Lisa in einer Tour an. Nichts passte ihr: Zu schnell, nicht so bremsen, pass auf den da auf. Dabei war ich doch ein guter Fahrer, aber irgendwie wurde hier die Autofahrermänner-welt auf den Kopf gestellt.
Ich denke, auch im Namen der Emanzipation wurde den Frauen das Recht auf den Führerschein zuer-

kannt. Damit begann das Zeitalter der modernen Verkehrsgesellschaft und das Heldentum der autofahrenden Männer starb.

Jetzt fahren sie auf unseren Straßen mit unseren Autos und stellen das größte Risiko für den Straßenverkehr dar.

Gut, Statistiken sagen etwas anderes, aber das glaube ich nicht.

Zur Historie: Ich kann mich noch erinnern, da durfte Mutti Papis Auto fahren. Völlig verunsichert, Papas Heiligtum kaputt zu machen oder zu verdrecken saßen unsere Mütter am Steuer. Ich denke, die ersten zwei Jahre eh nur, wenn Papa daneben saß. Und wie geil war das, wie ihnen das Autofahren noch richtig beigebracht wurde.

Das Lenkrad durch die Hände schieben, sonst geht das Lenkgetriebe am Ende kaputt.

An der Ampel immer auskuppeln, sonst wird die Kupplung zu stark abgenutzt.

Finger weg vom Schalthebel das ist kein Haltegriff, sonst verschleißen die Gummilager.

Ich hab das bei Lisa mal versucht. No Way!

Naja, irgendwann kam dann im Prinzip die nächste Stufe.

Nachdem die zwei Jahre „Papas Führerschein auf Probe" rum waren durften die Frauen den Mann im volltrunkenen Zustand stets heimfahren. Diese Periode der Verkehrsteilnahme begann mit dem Zeitalter der Promillegrenze. Ich muss sagen auch diese Zeit war wunderbar. Hey, alles war doch gut. Man konnte saufen und sein geliebtes Auto wurde immer nach Hause kutschiert.

Und ich meine so ein kleines Wasser für Mutti im Männerwirtshaus ist doch eine super Belohnung gewesen.

Und gesund haben die Mädels damals auch noch gelebt. Mussten ja erst mal mit dem Klapprad zum Wirtshaus um ihren Gatten aufzugabeln.

Das Abenteuer Auto hatte sein erstes Spannungshoch beim Kauf eines Autos. Hey, der Mann ging ins Autohaus, suchte sich ein Männerauto aus und fertig.

Das war schön. Heute, ja heute ist alles anders.

Grundsätzlich ging Lisa mit ins Autohaus, wie peinlich das auch immer sein mag.

Wenn ich Pech hatte trafen wir auch noch auf eine Autoverkäuferin. Und dann? Als erstes kommt der Satz *Ich weiß doch was Sie brauchen, wir Frauen kennen uns doch aus.*

Spätestens da hatte ich verloren.

Vergiss den Kombi-Kompromiss mit 200PS, Ledersitzen und schwarz getönten Scheiben. Und so wurde unser erstes Auto der SUV für Arme, ein Kangoo.

„Schau mal Schatz, ist der nicht süß und die Kinder haben auch super Platz und im Verbrauch ist der auch Klasse und Mensch schau mal, den gibt's ja in Quitschgelb mit Janosch-Motiv!"

Boah, ab da bekam mein Leben eine Wende.

Ich stellte genau einmal die Frage: "Ähm Schatz, aber wenn ich täglich in die Arbeit fahre, möchte ich gerne doch lieber …"

Ich konnte kaum ausreden und das Ergebnis ist bekannt. Ich fahre nicht mehr täglich. Vielleicht Fahrrad, aber nicht mehr Auto.

Es war also entschieden und die Spannungskurve des Autokaufs flachte mit dem Auftreten Lisas vollkommen ab. Zwei Jahre später suchte auch sie den SUV aus, nicht ich.

Wenn ich heute manchmal durch die Stadt fahre und in die klassischen Familienkombis schaue, kann einem schon Himmelangst werden.

Diese Kisten mit der Kindersitzarmada (mindestens zwei) auf den Rücksitzen vermitteln mir immer das Gefühl, da sitzen tickende Zeitbomben in dem Auto. Verkrampfte Lenkradhaltung. Jederzeit bereit für die Kinder eine Vollbremsung zu machen. Aber nicht für die, die vor das Auto springen sondern für die eigenen. Wenn sie Quäken oder die Hose voll haben oder ein bisschen spielen wollen. So eine ist Lisa.

Neulich hat sie eine Anzeige wegen Verkehrsgefährdung bekommen. Sie hatte unnötig gebremst und um ein Haar wäre ihr der Hintermann draufgefahren.

Sie sagte: "Halten Sie doch genug Abstand!"

Er erwiderte: "Warum bremsen Sie mitten auf der Straße, wie von der Tarantel gestochen?"

Sagte sie: „Meiner Tochter ist der Teddybär runtergefallen und überhaupt, wieso fahren Sie hier mit dem Auto rum. Sie sind wohl so ein Macho der das Auto seiner Frau nicht gibt, was?"

Ich war nur froh, dass er sie angezeigt hat.

Das Bußgeld musste letztendlich ich bezahlen. Soviel zu den EGO-Pilotinnen der Neuzeit.

Ach so, da war ja noch was: Sauberkeit im Auto und Wagenpflege spielen keine Rolle mehr. Wenn der Sitz mit Schokolade beschmiert ist, dann ist er das. Und wenn in der Karre ein Kratzer ist, dann nicht weil Lisa zu doof war auf den Einkaufswagen aufzupassen, nein, sondern weil jemand den Einkaufwagen so doof hingestellt hatte.

„Der muss doch sehen, dass ich da parke und eh so viel Umstände wegen der Kinder hab. Und überhaupt ist das ein Gebrauchsgegenstand und nix anderes." Das zu kommentieren habe ich mir seitdem abgewöhnt. Am Ende bekam ich nur den ganzen Ärger ab. Manchmal, und es kam wirklich vor, durfte ich fahren. Familienausflug, Urlaubsreise, in die Werkstatt etc. Auch hier erinnere ich mich gerne an frühere Zeiten, da hat Papa der Mama gesagt wo es langgeht. Fahr nicht so weit rechts, pass auf, der da vorne bremst. Überhol halt endlich, ich will heute noch ankommen. Und dies ist nur ein Auszug aus der Verkehrserziehung, Marke Papa.

Nur heute ist alles anders: Ich darf meine Frau beim Fahren nicht mehr kritisieren. Denn, wer hat schon das Recht die neuen Verkehrsoberlehrer zu kritisieren? Im Gegenteil, jetzt kritisiert sie mich.

Schatz fahre langsamer, den Kindern wird schlecht. Mach das Fenster zu, die Kinder bekommen schnupfen. Nicht überholen, wir wollen den Kühen auf der Weide zusehen, da wollen wir gar nicht schneller fahren und fahr nicht so dicht auf, sonst kannst Du vielleicht nicht mehr bremsen. Tja, wie sich die Zeiten doch geändert haben. Da träumt man nur noch von einem eigenen Auto und davon manchmal lieber als von seiner Frau.

# Familienausflug: „Der Internetverkuppler"

Als wir am Freizeitpark ankamen, brach die große Frauenpanik los. Alle wollten den Kindern so schnell wie möglich die tollen Spiele zeigen, die es gab. Mit einer Hektik, wie vor einem Erdbeben wurden die Kinderwägen ausgeladen und bevor wir die Autos überhaupt abgeschlossen hatten, waren die Frauen bereits verschwunden.

Holger, Torben, Sebastian und ich gingen gemütlich zum Eingang und sahen unseren Frauen zu, wie sie über die Tickets berieten. Da konnte man eine Wissenschaft daraus machen. Die Entscheidungsfreudigkeit von Frauen ist manchmal nicht die Beste und wenn sie dann noch in einer Gruppe aufeinanderhängen, müssen alle Alternativen bis ins letzte Detail diskutiert werden.
Ich ging zu einer Kasse und kaufte einfach das Familienticket. Manu drehte sich zu mir um: „Ich hab ja gleich gesagt, dass das Familienticket die richtige Entscheidung ist.
Wenigstens Dein Mann macht nicht lange rum und kauft gleich eins, Lisa."
Damit hatte ich mal wieder alle Aufmerksamkeit auf mich gezogen.
„Jetzt kauf schon auch eins, Sebastian!", sagte Birgit.
Und so stellten sich  meine drei Stammtischbrüder an und kauften jeweils auch ein Familienticket.

„Man merkt einfach, dass Du ein Manager bist", sagte Manu und warf mir einen schmachtenden Blick zu.

Sofort stellte sich Lisa neben mich und nahm mich in den Arm: „Und zwar meiner!", sagte sie nur.

Ich hatte das Gefühl, Lisa war doch etwas stolz auf mich, doch das verging ganz schnell wieder.

„Die blöde Kuh, anstatt, dass sie froh ist so einen tollen Mann zu haben, schielt sie auf meinen...", brabbelte Lisa in sich rein.

„Woher willst Du denn wissen, dass Torben so toll ist?", fragte ich sie.

Lisa war verunsichert und suchte nach Worten.

„Ähh, ja von Manu halt, was sie so erzählt."

„Und Du beurteilst einen Menschen auf Grund von Erzählungen anderer?"

„Nein das hast Du falsch verstanden, Du weißt schon was ich meine."

Lisa wich mir aus und schob Annalenas Kinderwagen mit Schwung nach vorne und lief hinterher.

Die Frauen verschwanden sehr schnell im ersten Spieleparadies und wir Männer schauten uns fragend an, was wir nun tun sollten.

Holger ergriff als erster das Wort: „Schauts da drüben, ein Spieleparadies für Männer", er deutete auf einen Westernsaloon.

Sebastian meinte: „Das gibt wieder nur Ärger."

Und trotzdem setzten wir uns alle in Bewegung. Jeder bestellte sich tatsächlich ein Bier.

Holger begann zu erzählen: „Habt Ihr Euch schon mal gefragt, wie das heute mit den Internetbekanntschaften ist?

So etwas wie Nietenpartner.de?"

Wir lachten.

„Du meinst, für Singles und Akademiker ohne Niveau?", warf ich ein.

Torben fand es nicht lustig. Manu und ich haben uns da kennengelernt, das war ganz toll.

„Und wenn es dann schiefgeht?", fragte ihn Holger, "Bekommst Du dann Dein Geld zurück? Ich meine, da garantieren seriöse Unternehmen, dass sie den Partner fürs Leben auf Lager haben. Und alle diese lieben weiblichen Wesen machen Werbung für sich. Keine gibt doch zu wie sie wirklich ist, denn dann würde sie keiner haben wollen. Außer vielleicht unser Torben, oder?" Wir lachten. Holger machte weiter:

„Wie geht das eigentlich nun? Wie funktioniert diese Garantie die richtige Partnerin zu bekommen? In erster Instanz gibt man hier persönliche Eigenschaften ein. Also z.B. groß, sportlich, Bierbauch, Raucher, ungepflegt und Macho, also so wie wir." Wir lachten schallend.

„Diese Eigenschaften sind im Prinzip gar nicht wichtig, weil man sie eh alle irgendwann ablegen muss. Aus groß wird klein, so oft bekommst du eins auf die Mütze, sportlich ist eh gelogen, der Bierbauch vergeht vor lauter Früchtetee und Tofu und Rauchen geht gar nicht mehr, denkt an die Kinder.

Ungepflegt ist nicht wichtig. Und der Macho wird unter entsprechender Dominanz der Frau schnell zum Weichei.

Aber egal. In zweiter Instanz kuckt man sich so Pressbilder an. Wisst Ihr was das ist?"

Torben versuchte es zu erklären: „ Das ist ein Blatt Papier auf welches Wasserfarbe gegeben wird. Dann faltet man es zusammen und klappt es wieder auf. Es entsteht ein Pressbild auf dem Blatt. Und jeder kann daraus etwas erkennen bzw. setzt seine Kreativität dazu ein herauszufinden, was das darstellen könnte." Holger fuhr fort: „Das stellt natürlich gar nichts dar. Jetzt meinen diese Internet-Verkuppler, dass wenn zwei, also Frau und Mann oder Frau und Frau oder Homosexueller und Homosexueller das Gleiche erkennen, würden sie gut zusammenpassen und garantieren den Partner für das Leben.

Also Männer, das bedeutet, wenn Ihr auf dem Bild eine Frau mit großen Brüsten seht, ist die Frau die richtige für Euch, die auch große Brüste sieht. Wer glaubt denn so was?"

„Ja, genau! Und weil das nicht sein kann, ist das alles Betrug.

Die Frauen achten nur auf dein Gehalt, deine finanzielle Sicherheit und schon *gehörst der Katz*, wie man in Bayern zu sagen pflegt", fügte ich hinzu.


„Jetzt bleibt noch die Frage was mit der Garantie ist?", begann Holger wieder. „Wenn ich jetzt also philosophiere, müsste es doch so sein, dass wenn die Auserwählte nicht zu mir passt, weil sie eigentlich keine großen Brüste hat und die Ehe innerhalb der Garantiezeit von zwei Jahren geschieden wird, ich Regressansprüche habe. Ich denke, man kann das abwarten, es wird so laufen wie alle schrägen Garantiesachen juristisch laufen. Erst wird es Millionenklagen in Amerika geben. Dann werden auch wir uns in Europa damit beschäftigen.

Und dann, ja dann wird die EU eine neue Regelung finden, die ähnlich der Gurkenkrümmung nur Ökofarben für diese Pressbilder zulässt und die Internet-Verkuppler dazu zwingt, alle Männer in einem Beratungsgespräch über die Gehirnwindungen unserer modernen Frauengesellschaft aufzuklären." Wir klatschten und ich bestellte noch eine Runde.

Die kurzweilige Zeit im Saloon verging wie im Flug und so mussten wir wohl die Zeit vergessen haben, als plötzlich Manu neben uns stand. Ich dachte schon jetzt hagelt es einen Mordsanschiss. Weit gefehlt, den sollte ich später noch von Lisa bekommen.
„Die Mädels warten", sagte Manu.
Wie Soldaten, die auf einen Befehl reagierten, standen wir auf und zahlten. Auf dem Weg nach draußen konnte man schon aus der Ferne erkennen, wie die anderen mit hochroten Köpfen vor dem Saloon standen.
Manu hielt mich zurück. „Komm wir gehen hinten raus.
Die sind jetzt beschäftigt."
„Wie stellst Du Dir das vor, das kriegt doch jeder mit!"
Manu zog mich zum Hinterausgang: „Wir beide fahren jetzt Geisterbahn."
Irgendwie wollte ich mich wehren, doch das konnte ich vergessen. Kurz drauf saß ich mit Manu in einem Wagen der Geisterahn und es wurde dunkel um uns. Sofort überfiel sie mich mit Küssen und tätschelte an mir rum. Als wir mitten drin waren, öffnete sie mir

meinen Reißverschluss und begann mich zu verwöhnen.

Dabei schaute sie mir tief in die Augen und sagte: „Beeil Dich, ich will Deinen Honig schmecken." Manu war irgendwie verrückt, aber sie machte es tatsächlich so gut, dass ich kurz vor dem Ausgang kam. Schnell machte ich mir noch die Hose zu und wir eilten zu den anderen.

„Wir waren noch auf dem Klo, da war so viel los", sagte Manu. Wie dreist sie lügen konnte, es beschämte mich.

Lisa ließ nicht lange auf sich warten: „Soso auf dem Klo, genug Bier war es dann wohl offensichtlich." Holger hielt sich an einem Laternenmast fest und Torben schwankte hin und her. Sebastian hielt sich verkrampft an Birgits Hosenbund fest. Ja, es war offensichtlich wirklich genug Bier. Entgegen aller meiner Erwartungen behielten wir trotzdem eine gute Stimmung.

Als wir gemeinsam zur Geisterbahn gingen sagte Lisa: „Ich fahr mit Torben!" Manu zeigte erst keine Reaktion. Und dann grinste sie mich an: „Na dann fahr ich aber mit Stefan."

Wir schauten uns alle etwas verwirrt an, doch dann stiegen wir ein. Als wir zum zweiten Mal im Dunklen ankamen, ergriff ich die Gelegenheit und fasste Manu unter den Rock. Sie genoss es.

„Mach fester, ich will kommen."

Ich rieb fester und Manu kam.

Schnell richtete sie sich wieder her, um nicht aufzufallen. Als wir wieder Tageslicht erblickten, stiegen Lisa und Torben gerade aus.

Also, wenn ich darüber nachdachte, was wir da gerade gemacht hatten, war es wohl eines meiner spannendsten Abenteuer.

Doch geschah dann etwas, was die Freundschaft unserer Familien hätte verunsichern können. Mitten in der Geisterbahn wurden offensichtlich Fotos gemacht.
Die anderen wollte sich die unbedingt anschauen. Ich hatte Angst jetzt kommt alles raus, doch da sahen wir jemand anderen schmusend auf einem Bild: Torben und Lisa!
Ich musste laut lachen und merkte wie sich beide schämten. Meine Blicke wendeten sich nichts desto trotz den anderen ausgestellten Bildern zu, als mich ein Angestellter des Parks zu sich rief.
„Hier, Sie wollen bestimmt nicht, dass wir die aushängen oder?"
 Er hatte echt scharfe Fotos von Manu und mir in der Hand.
„Es ist außerdem verboten."
Er hielt die Hand auf. Schnell holte ich 50€ aus der Tasche und gab sie ihm, dann zog er ab. Die Bilder ließ ich in meiner Hosentasche verschwinden.
Mittlerweile war es still um Lisa und Torben geworden. Sie standen da, wie vor einem Tribunal.
Die Luft war zum Schneiden vor lauter Angst, man würde ihnen Vorwürfe machen.
Ich genoss diesen Moment der Allmacht.  Torben ging zu Manu: „Sorry Schatz, das ist irgendwie passiert, aber mehr war nicht."

Manu sagte: „Naja mehr kann man ja in der Geisterbahn auch nicht anstellen und so ein Kuss ist nicht so
schlimm."

Ich schmunzelte. Als wir am Abend wieder zu Hause
waren, sprach Lisa immer noch kein Wort.

Sie brachte die Kinder ins Bett und dann setzte sie
sich zu mir.

„Bist Du böse?"

„Mein Gott, Du hast doch Manu gehört, es war ein
Kuss und mehr geht in der Geisterbahn eh nicht."

„Du bist also nicht eifersüchtig? Es ist Dir egal, wenn
ich mit Torben schmuse? Du liebst mich nicht mehr!"

„Sag mal habt Ihr das ausgemacht, um uns eifersüchtig zu machen?"

Lisa druckste wieder rum und wurde ganz rot. Ich
musste laut lachen. Sie meinte nur: „Kindisch, oder?"

„Ja, kindisch und sonst nichts."

Irgendwann ging ich auf Toilette und betrachtete die
Bilder von Manu und mir. Ich hörte Manus Worte: In
einer Geisterbahn geht eh nix. Die Bilder sprachen
allerdings eine andere Sprache. Ich zerriss sie, spülte
sie runter und dann setzte ich mich wieder zu Lisa.

# Der Urlaub: „Wo ist mein Bikini?"

„Sag Stefan, Manu, Birgit und Zoe haben heute gefragt, ob wir nicht Lust hätten, mit Ihnen einen Campingurlaub zu machen. Irgendwann in den zwei Wochen, bevor die großen Ferien losgehen."
„Mei Lisa, ich weiß nicht, willst Du wirklich mit allen zum Camping fahren?"
„Schau es ist doch ganz toll. Die Kinder haben ihre Spielkameraden und wir unsere Freunde, das ist doch super, findest Du nicht?"
„Wenn Du meinst, dann sag ihnen zu."
Ich wusste bereits jetzt, dass mich Manu nicht in Ruhe lassen und mir die ganze Zeit auf die Pelle rücken würde.

Aber irgendwie reizte es mich auch. Wir planten also einen Happy-Family-Urlaub und zwei Wochen später ging es los.

Doch bis dahin war noch einiges zu erledigen, auch wenn die schönste Zeit im Jahr bekanntlich die Urlaubszeit ist.
Jeder freut sich auf ein paar Tage im Kreis der Familie, in der Sonne, am Strand in einem fernen Land.
Wer aber glaubt, die wichtigste Zeit ist die Zeit im Urlaub, der hat sich geirrt. Die wichtigste Zeit ist die Zeit der Vorbereitung. Die Planung beginnt meist schon viele Wochen vor dem Urlaub und dreht sich um Fragen wie, was nimmt Lisa mit, was braucht sie

für die Kinder und schafft sie es diesmal, rechtzeitig den richtigen Bikini zu bekommen?

Ihr habt richtig gelesen, es dreht sich auch hier hauptsächlich um sie und wenn, dann höchstens noch um die Kinder.

Während früher ehrenrührige Gründe wie, der Papa braucht Erholung, der Papa braucht einen Tapetenwechsel oder der Papa ist urlaubsreif angeführt wurden, so heißt es heute: Ich muss mal hier raus, die Kinder sollen mal ans Meer, ich mag auch mal ein paar Tage nichts im Haushalt machen und Urlaub haben.

Es kann dir sogar passieren, dass es heißt: Was willst Du eigentlich? Ich hab die Kinder und du darfst jeden Tag in die Arbeit gehen und deinen Spaß haben. Grotesk, nicht wahr?

Es kam der Zeitpunkt der Abreise. Alle außer mir hatten bereits zusammengepackt. Natürlich hatte ich am letzten Tag vor meinem Urlaub das Problem, dass noch wichtige Dinge im Büro zu erledigen waren. Und so kam es nun mal, wie es oft kam: Ich war nicht, wie versprochen, Freitagmittag da, sondern erst am späten Abend und vollkommen entnervt.

Zum Dank bekam ich Vorwürfe. Sie habe ja mal wieder alles alleine machen müssen. Und dann passierte was immer passierte.

Lisa wollte mir ihren neuen Bikini zeigen, denn ohne meine Meinung dazu, konnte sie ihn nicht anziehen. Sie schlüpfte in den viel zu großen hässlichen Oma-Bikini. Den hatte sie gekauft, weil sie sich für fett hielt und keiner davon was sehen sollte.

Sie fragte: „Na, wie sehe ich aus, meinst Du, da kann ich mit den jungen Mädchen noch mithalten?"

Ich wollte nun keinen Fehler machen, denn ich kannte das Schauspiel bereits aus den letzten Jahren.

„Schatz, Du siehst super aus, der Bikini betont all das, was ich an Dir liebe."

Die Wahrheit war natürlich eine andere. Dieser Diätgeschundene Körper, der im Weihnachts-Urlaubs-Ping-Pong-Spiel mit allem bombardiert wurde, was vielleicht Kilos purzeln ließ, ist nun mal nicht mehr der knackigste und frischeste, wie der einer 18-Jährigen. Aber dazu später mehr.

Nachdem die Bikinishow beendet war, sprachen wir nochmals über die Urlaubsreise. Es ging nach Italien. Wir wollten gegen zwei Uhr los, damit wir nicht in einen Stau kämen.

Also stellten wir den Wecker und gingen völlig gestresst ins Bett. Um eins dröhnte der Wecker wie ein Luftangriff der Alleierten in meinen Kopf. „Alarm", ich musste topfit sein, denn die wichtigsten Dinge konnte ich am Nachmittag nicht mehr erledigen, da ich ja zu spät nach Hause kam.

Fragen wie: Passt alles ins Auto? Und wer hat eigentlich meine Sachen gepackt? beschäftigten mich zunehmend.

Ich hatte Stress! Ein Schlauchboot war zu viel. Doppelte Abendkleiddosis, man benötigt ja was zum Aussuchen und jede Menge Zeugs was keiner brauchte. Und dann war er zu, der Kofferraum.

Mit 19 Minuten Verspätung kamen wir zum vereinbarten Treffpunkt an der Autobahnauffahrt.
Wir stiegen aus, um die anderen zu begrüßen. Alle
nahmen sich kurz in den Arm. Wir sprachen die erste
Etappe ab und fuhren los. Auf der Fahrt wurde ich
mal wieder mit vielen Problemen konfrontiert, die
nichts mit Italien oder mit den Kindern oder mit Lisa
zu tun hatten. Vielmehr lag es daran, dass ich mal
wieder alles falsch machte.
Zu schnell, zu langsam, nicht kindgerecht etc. etc. etc.
Und dann kam der Moment, der mich fuchsteufels-
wild machte: „Schatz, ich hab das Bügeleisen vergessen oder den Herd!"
Ich versuchte Lisa zu beruhigen. Doch, als wir uns
kurz umdrehten, sahen wir die Bescherung: Wir hatten die Kinder vergessen!

Lisa schickte den Anderen schnell eine SMS und wir nahmen die nächste Ausfahrt. Unsere Begleiter wollten derweil auf dem nächsten Rastplatz warten.

Zu Hause war natürlich alles in Ordnung. Wir packten die Kinder ins Auto und fuhren wieder los. Durch die Verspätung, die natürlich plötzlich alleine meine Schuld war, standen wir bei jeglicher Gelegenheit im Stau.
Dann ging das Gejammer los: „Ob wir heute noch ankommen? Stefan, das nächste Mal denk einfach früher dran."
Bis wir ankamen hörte das nicht auf. Mit vier Stunden Verspätung erreichten wir endlich den Campingplatz. Wir hatten uns für jede Familie ein Mobilehome gemietet.
Die Frauen hatten schon perfekte Pläne, wer wann mit Kochen oder Abwasch dran sei und wann die Männer auf die Kinder aufpassen mussten. Und für den Hund gab es sogar einen extra Agility-Hundetrainingsplatz.
Als wir Quartier bezogen hatten schlug Holger vor, ein Bier an der Strandbar zu trinken und die Männer willigten sofort ein.

Doch während Lisa, Birgit und Zoe mit den Kindern zu tun hatten, wollte Manu mitkommen.
„Los Kinder, wir gehen an den Strand!"
Die anderen Frauen fanden das nicht lustig.
„Jetzt wart halt noch bis wir auch fertig sind."

„Macht den Scheiß doch später, lasst uns das Meer genießen. Seit Monaten freue ich mich schon darauf!" Irgendwie fand ich Manu immer toller.

Sie konnte alles stehen und liegen lassen, um mit uns an die Strandbar zu gehen. Sie nahm sogar die Kinder mit als ob nichts wäre. An der Bar ging sie mit den Kindern in den Sand und gab ihnen ihr Spielzeug.

„Jetzt spielt ein bisschen und Mami bringt Euch später ein Eis, ok?" Unglaublich, die zwei spielten wirklich friedlich im Sand und Manu setzte sich zu uns.

„So Jungs, jetzt brauch ich einen Aperol-Spritz!" Torben war erzürnt: „Manu wir haben doch ausgemacht, keinen Alkohol vor den Kindern!"

„Spinnst Du, wer hat denn im Freizeitpark und beim Grillen so gesoffen, Du oder ich? Mir gehen Deine komischen Theorien eh auf den Keks."

Es war Ruhe. Der Ober kam vorbei und ich dachte, ich sammle mal wieder Pluspunkte. „Quattro Birre e un Veneziano per favore."

Ich glaube das muss der Moment gewesen sein, an dem Manu entschied, dass ich ihr Gott sei.

„Du sprichst ja Italienisch?"

„Klar, braucht man bei uns, wir haben italienische Konzerntöchter."

„Das ist so erotisch", fügte sie noch an.

Torben versuchte mir nachzueifern: „But Manu I can also English."

Wir lachten alle.

„Ach Torben, Italienisch ist die Sprache der Romantik und der Liebe", erklärte sie ihm.

„Englisch ist einfach nur irgendwas."

Unsere Getränke kamen und Manu schaute mich in einer Tour an. Es begann aufzufallen und ich versuchte vom Thema abzulenken.

„Schaut mal diese ganzen hübschen jungen Mädchen. Mann, wäre ich gerne nochmal 20 Jahre jünger."

„Ja Stefan, das war schon eine tolle Zeit", sagte Holger.

Der Rest der Truppe kam hinzu.

„Setzt Euch und trinkt doch was", bot ihnen Manu an, doch sie wollten nicht. „Wir gehen an den Strand und bauen unsere Liegen und Sonnenschirme auf." Zwei Stunden später gesellten wir uns auch dazu und ich legte mich auf meine Liege.

Als ich so vor mich hindöste passierte es, das Bikinithema war zurück:

„Warum glotzt Du denn den Weibern ständig nach? Gefalle ich Dir nicht mehr?"

Ich wusste jetzt würde es ganz eng für mich.

„Ich hab doch gleich gewusst, dass Dir der Bikini nicht gefällt. Ich sehe fett darin aus und Du schleimst auch noch rum, ich sei so toll. Und dann glotzt Du ständig den anderen Weibern auf den Arsch, super ... und glaub ja nicht, Du kannst heute Nacht ankommen!" Und das war es dann, wie jedes Jahr. Mein Urlaub hat nur noch eins: Die schönste Zeit mit meinen Kindern und meinen Kumpels, aber keinen Hormonabbau mit meiner Frau.

„Und wehe, Du schaust nochmal nach den Anderen", fauchte sie erneut.

„Schatz, willst Du nicht mit Deinen Freundinnen einen Prosecco trinken gehen?"

„Du willst mich wohl loswerden, damit Du Deine Ruhe hast was?"

„Lisa jetzt entspann Dich mal. Ich kümmere mich um die Kinder und Ihr macht einen Weiberratsch, ok?"

„Na gut."

Lisa rief zu Zoe, Manu und Birgit rüber und die Damen gingen an die Strandbar. Ich gesellte mich zu den Jungs und wir glotzten gemeinsam nach den jungen Italienerinnen.

„Sind Eure auch so eifersüchtig auf die jungen Dinger?", fragte ich.

„Klar und an allem  ist dieser Bikini schuld."

Wir lachten.

Es war überall das gleiche. Nur bei Manu gab es das Problem offensichtlich nicht.

Denn erstens waren wir uns einig, dass Manu am geilsten von unseren Frauen war und zweitens, dass sie noch leicht mit den Lolitas mithalten konnte. Aber nur ich wusste, was wirklich in ihr steckte.

„Du hast schon Glück Torben, die Manu muss das Jugendgen haben", sagte Holger.

„Ich weiß nicht, so toll ist sie auch nicht", sagte Torben.

„Da hab ich schon schönere gesehen."

„Jetzt sei mal nicht unzufrieden, es könnte viel schlimmer sein."

„Wie meinst Du das, Stefan?"

„Schau, das kann auch in eine ganz andere Richtung gehen und plötzlich hast Du ein hässliches Monster zu Hause.

Ist Euch schon mal aufgefallen, welche unterschiedlichen Typen von Frauen es gibt? Und wie man sie immer eindeutig zu ihrem Auto zuordnen kann? Ihr müsst mal morgens vor der Krippe schauen. Da gibt es zwei Typen:

Die einen sind die aufgetakelten SUV-Weiber, die ihre kleinen Monster auf Stöckelschuhen in die Krippe bringen und dabei auch keine Scham haben, mitten auf der Straße stehen zu bleiben und einen kilometerlangen Stau zu verursachen damit die Kleinen nicht im Dreck aussteigen müssen."

„Das regt mich auf, das Problem gibt es jeden Winter", sagte Sebastian.

„Und die anderen?", fragte Torben.

„Die anderen, das sind  die dicken Ökoweiber, die sich vollends gehen lassen, unappetitlich sind und nur im Kopf haben, wie sie sich mit dem Wort *ökologisch* an der Körperpflege und der Hausarbeit vorbeimogeln können.

Deo ist so ungesund, zu oft waschen macht die Haut trocken und wenn man einmal mit einer Intimrasur beginnt, dann wächst alles nur noch schneller. So ist es doch viel natürlicher.

„Das hat man jetzt auch wieder", sagte Sebastian. Die anderen mussten lachen.

„Und woher kommt das, Stefan?", fragte Holger.

„Die Antwort ist nicht schwer: Die einen sind erfolgshungrig. Also der Mann muss erfolgreich sein, die anderen wollen faul sein, also der Mann soll Hausarbeit, Kinder und alles übernehmen. Dabei mündet die Faulheit sogar in der Selbstaufgabe der eigenen

Schönheit. Ich bin nun Mutter und muss mich um meine Kinder kümmern. Heißt?"

„Sie lassen sich gehen", sagte Holger.

„Es wird alles aufgegeben. Figur, Körperpflege und nettes Aussehen sind nicht mehr wichtig. Diese Ausprägung von Frauen willst Du nicht wirklich haben. Man gerät aber gerne an sie, denn sie tarnen sich zu anfangs meist als sehr nette, liebevolle, tolerante und weltoffene Naturschönheiten."

„So wie meine Birgit", seufzte Sebastian.

„Zu diesem Zeitpunkt entscheidest Du vielleicht zu schnell, dass Dir dieser Typ Frau lieber ist, weil sie weniger Zeit im Bad und mehr mit Dir verbringt. Nur wenn sie älter werden, ist es das pure Gift für Deine Libido. Wer will schon einen Problembär, der nach Schweiß riecht und einen Kartoffelsack trägt?"

Sebastian merkte an, dass er schon oft versucht hat, Birgit wieder auf einen anderen Pfad zu bringen, aber meist scheiterte. Es sei angemerkt, Birgit war zumindest nicht fett.

Feststellbar ist auch, dass diese Typen von Frauen gerne unter sich bleiben. Die einen gehen am Vormittag Golf spielen, die anderen philosophieren über die Erziehung trotziger Kinder. Golf! Wie überflüssig und was die schon für ein Angeberauto fährt, sind die Wahlsprüche der Ökotussis. „Scheiße", sagte Torben, „Manu sagt genau das und wir haben dieses ungarische Ding."

Alle lachten.

„In der Ernährung ist die SUV-Tussi auf jeden Fall die bessere Wahl. Sie kauft nämlich teures Rinderfilet aus nachhaltiger Aufzucht und kredenzt einen schönen Rotwein zum Essen."

„Da freu ich mich schon immer drauf", gab Holger an.

„Die andere macht Gemüse aus dem Supermarkt als Auflauf. Versalzen, trocken, matschig, aber einfach in der Herstellung. Gemüse in eine Auflaufform, Käse und Salz drauf und drei Stunden in den Ofen. Fertig ist das gesunde Essen, dessen Zubereitung nur 10 Minuten in Anspruch nimmt. Ich kann Euch sagen, das bekomm ich einmal die Woche.

Wir kochen ja frisch und ohne Fleisch. Das bekommt hier eine neue Bedeutung. Also fassen wir mal zusammen: Mit der SUV-Tussi kannst Du Golf spielen gehen, darfst manchmal ein vernünftiges Auto fahren, bekommst etwas Ordentliches zum Essen und zu Trinken und sie ist immer hübsch anzusehen."

„Da hast Du ja einen Glückstreffer gelandet, Holger." Holger lehnte sich zurück und verschränkte die Arme gönnerhaft hinter seinem Kopf.

„Allerdings extrem teuer. Aus diesem Grund kann sich das auch nicht jeder leisten. Der Rest bekommt halt ein dickes, oder sagen wir mal ein Ökoweib. Was sagt uns das nun?"

Holger antwortete: „Dafür habe ich mir ja auch den Arsch aufgerissen, damit ich eine Lady bekomme, einen Looser will die auch nicht. Aber Stefan, Du verdienst doch auch gut, wie ist das mit Lisa?"

„Lisa ist schon auch eine Lady, aber nur dann, wenn es ihr in den Kram passt."

„Was glaubt denn Ihr, warum ich dauernd auf die Kinder aufpasse, das Fitnessstudio lohnt sich für mich. Sie bleibt einigermaßen schön und in Form."

„Und Birgit wird mit der Zeit wie der Gemüseauflauf: Matschig, klebrig und faul", ergänzte Sebastian und wir lachten.

Aus der Ferne hörten wir unsere Mädels näherkommen. Sie hatten offensichtlich genug.

„Was ist denn so lustig?", fragte Lisa.

„Nichts, gar nichts", sagte ich und die Männer verkniffen sich ein Lachen.

Da standen Sie: Lisa, Manu, Zoe und Birgit. Sie stützten sich gegenseitig, um nicht umzufallen.

„Habt ihr getankt?", fragte Holger.

Zoe sagte: "Klar, Lisa hat gesagt wir sollen uns entspannen und eine Flasche Prosecco trinken."

„Und ich bin jetzt entspannt mein Schatz", lallte Lisa und stürzte über meine Liege. Dann stand sie wieder auf und lachte fürchterlich.

Jetzt waren unsere Mädels so gut drauf, dass die andern Urlauber uns bereits mit vorwurfsvollen Blicken bewarfen.

Auf einmal stellten sie sich im seichten Wasser nebeneinander auf. Manu begann zu zählen: „Eins, Zwei, Drei". Bei drei rissen sich alle das Bikinioberteil runter und ließen sich in die nächste Welle fallen. Wir mussten alle tierisch lachen und die Kinder schauten etwas verdutzt. Mir war es recht, denn so war es viel schöner als das ständige Gemotze. Die Frauen konnten nicht aufhören rumzualbern. Manu tauchte auf einmal unter und dann mit ihrer Bikini-Hose in der Hand wieder auf. Sie warf sie weg. Als die anderen das sahen machten Birgit, Zoe und sogar Lisa das gleiche.

Ich glaube sie hatten vergessen, dass sie die Höschen auch wieder brauchten, um zum Campingplatz zurückzukommen. Dann stand Holger auf und rannte als erster ins Wasser.

Wie früher als wir noch 16 oder 17 waren.

Ich zögerte nicht lange und tat das Gleiche. Zu guter Letzt kamen auch noch Torben und Sebastian.

Wir hatten einen riesigen Spaß. Manu rief: „Jetzt seid Ihr dran!"

Ich war der erste, warf meine Short an den Strand. Die andern taten es mir gleich.

Dann tauchten die Frauen plötzlich ab. Sie schlengelten sich einmal zwischen uns durch und tauchten etwas weiter weg wieder auf.

Das Gekreische war, wie bei einem Rockkonzert, nicht zu überhören. Nun tauchten wir und glitten wie Muränen durch ihre Schenkel. Beim nächsten Tauchgang steckten wir unsere Köpfe unter die Hintern der Gemahlinnen und stemmten sie aus dem Wasser, so dass sie mit einem Hechtsprung wieder eintauchen konnten.

Klar, dass sich am Strand bereits Schaulustige versammelten, wir waren ja alle nackt und unsere Weiber noch hübsch anzusehen. Nach einiger Zeit stoppten wir das Spektakel.

Jeder gesellte sich zu seiner Frau und wir schwebten zusammen im Wasser.

Lisa sagte zu mir: „Und, hast Du es gesehen, Du hast ein Riesenglück!"

„Du meinst Birgit? Stimmt, das würde ich nicht wollen. Sebastian meint, dass hätte man jetzt wieder so."

Lisa lachte: „Das hat sie ihm nur eingeredet, glaub mir."

Einige Zeit drauf robbte Holger zu seiner Short und zog sie sich ins Wasser. Dann holte er unsere Badehosen und wir zogen uns an. Wir hatten eine liebe Mühe die Bikinihöschen der Mädels zu finden, aber es gelang uns, alle angezogen nach Hause zu bringen. Nachdem unsere Frauen wieder nüchterner waren, wurde zum Abendessen eingeteilt. Sebastian und Birgit sollten einkaufen gehen, Holger den Grill anheizen und Lisa und Torben kümmerte sich um die Kinder. Ich ging zum Duschen. Leider bemerkte ich nicht, das Manu das Gleiche tat. Ich hatte kaum die Kabine verschlossen, klopfte sie.

„Stefan, lass mich rein."

Ich öffnete ihr.

„Du geiles Miststück", sagte ich und hob ihr rechtes Bein hoch. „Mach langsam Stefan, die Kabinentür geht kaputt."

Ich drehte sie einfach um und drückte sie gegen die Wand, die hielt es aus.


Wir fanden gleichzeitig ins Glück und wuschen uns danach gegenseitig zärtlich ab. Als wir fertig waren öffnete Manu die Tür einen Spalt und schaute hinaus.

„Scheiße, da sind Torben und Lisa."

„Wo?", fragte ich.

„Da schau!"

Ich sah wie Lisa mit Torben am Ende der Duschen stand und wild rumschmuste.

„Naja, dann brauchen wir ja kein schlechtes Gewissen zu haben", sagte ich zu Manu. Sie schloss die Kabinentür wieder und wir warteten ab. Als wir hörten wie weiter vorne eine Dusche eingeschaltet wurde, schlichen wir uns hinaus.

Wir nahmen an, es waren Torben und Lisa in der Dusche, die da so kicherten.

„Ich habe eine Idee", sagte Manu. Sie zog mich hinter das Gebäude, dort stand ein Farbeimer.

„Das kannst Du nicht machen, das gibt nur Ärger", sagte ich.

„Komm lass uns wie Teenager sein, das bringt Spaß."

Manu nahm den Farbeimer und wir gingen zurück zur Dusche. Mit Schwung leerten wir den Inhalt von oben auf die anderen zwei und rannten davon. Aus der Ferne hörten wir das laute Geschrei.

„Na Holger, haben sie Dich alleine gelassen?"

„Ja Torben und Lisa sind auch eben Duschen gegangen. Der Grill läuft und die Kinder spielen friedlich."

Als wir uns umdrehten sahen wir, wie Lisa und Torben voller Farbe mit einem angewiderten Gang auf uns zukamen.

Wir brachen alle in tosendem Gelächter aus. „Was habt Ihr denn gemacht?", fragte ich während ich mir den Bauch hielt. „Am besten Ihr geht gleich wieder zurück und wascht Euch, so könnt Ihr nicht bleiben", riet ihnen Manu. Torben und Lisa verschwanden wieder in der Dusche. Manu und ich beschlossen sie zu belauschen und tatsächlich, sie waren wieder gemeinsam in einer Dusche verschwunden.

Sie rieben sich gegenseitig mit Seife ein und Lisa sagte auf einmal: „Torben jetzt mach schon, ich kann nicht ewig warten!"

„Ich bin zu nervös, es geht nicht."

Manu hielt sich die Hand vor den Mund um ihr Lachen zu unterdrücken. Ich streichelte dabei zärtlich ihren knackigen Hintern.

Während  wir zurückgingen verabredeten wir zu beobachten wie sich das alles entwickeln würde. Zu Hause könnten wir die beiden immer noch darauf ansprechen. Doch nun begann erst mal ein wunderbarer, erlebnisreicher, Urlaub.

Als wir ins Bett gingen dachte ich noch einige Zeit nach. Da hatte Lisa doch wirklich was mit ihrem Torben angefangen. Irgendwie passten die beiden auch prima zusammen. Ihre Einstellung und ihre Ziele deckten sich so gut, als hätten sie beide das Gleiche im Pressbild gesehen.

Ich schmunzelte in mich hinein. Leider liefen meine und Lisas Ziele immer weiter auseinander. Ob ich mich aber in eine Beziehung mit Manu stürzen wollte, wusste ich nicht. Ich fand erst mal alles gut wie es war.

## Der Urlaub: „Die neue Liebe"

Am nächsten Tag schlug Holger vor, wir könnten uns doch einen Sportkat ausleihen und segeln. Ich war sofort begeistert. Lisa hatte keine Lust und Torben blieb natürlich bei ihr. Sebastian und Birgit wollten mit den Kindern ins Abenteuerland also blieben Zoe, Manu, Holger und ich übrig.
Wir gingen zum Strand und liehen uns zwei Sportkats aus. Ich war froh, dass ich während des Studiums segeln gelernt hatte und Manu und ich zischten los. Die anderen zwei hatten da mehr Probleme.
Holger rief: „Fahrt Ihr raus, wir üben das hier noch ein bisschen."
 Manu setzte sich neben mich und ich holte das Segel dicht. Eine Kufe hob sich aus dem Wasser und die Post ging ab. „Bis wohin wollen wir, Stefan?"
„Ich weiß nicht. Vielleicht einmal um diese kleine Insel in der Lagune rum und zurück?"
„Das ist eine tolle Idee, lass uns da baden gehen."
„Ok Manu jetzt pass auf, wir müssen eine Wende machen. Wenn ich es Dir sage, setzt Du Dich ganz schnell auf die andere Seite, ok? Und pass auf den Baum auf, damit Du Dir nicht den Kopf anhaust."
„Ok Stefan, Du bist der Kapitän".
Ich leitete eine Wende ein und am Scheitelpunkt schickte ich Manu auf die andere Seite und kam ihr dann hinterher.

Ich war begeistert, sie genoss das Segeln und hatte mich perfekt bei der Wende unterstützt. Ganz weit lehnte sie sich hinaus und ließ ihr dunkel glänzendes Haar im Wasser baumeln. Dass es spritzte machte ihr gar nichts aus, Lisa wäre schon durchgedreht, was alleine die Gefährdung ihrer Frisur anging.

Als wir an der Spitze der Insel waren sagte ich: „Und jetzt nochmal!"
Auch diese Wende klappte vorbildlich. Ich stellte den Kat in den Wind und wie sprangen ins Wasser. Dann zog ich das Boot auf den kleinen Sandstrand und verkeilte es im Sand.
„Ich danke Dir Manu, Du bist klasse, hast es echt drauf."
Sie nahm mich in den Arm und sagte:
„Erinnert Dich das an was?"
„Nein"
„Die Blaue Lagune."
Das waren ihre letzten Worte bevor sie sich auszog. Ich tat das Gleiche und wir gingen nackt baden.

Nachdem wir einige Minuten im Wasser herumgetollt waren, drückte sich Manu ganz eng an mich und sagte:
„Stefan, ich hab mich in Dich verliebt. Torben ist ein toller Vater, aber er interessiert mich als Mann nicht mehr."
Ich erzählte ihr von meinem Plan und, dass ich in den letzten Wochen merkte, dass Lisa unser Leben nur schätzte, wenn alles nach ihrem Kopf ging und ich

mich dadurch unverstanden und vernachlässigt fühlte.

„Ach Manu, ich habe auch Schmetterlinge im Bauch, aber ob das reicht um ein neues Leben zu beginnen, weiß ich nicht."

Wir schwammen an den Strand und legten uns auf den Kat. „Schlaf mit mir", sagte Manu, und ich konnte, wie immer, nicht wiederstehen.

Wir vereinbarten, es erst mal so laufen zu lassen bis wir beide sicher wären, dass eine gemeinsame Zukunft Sinn machen würde. Nach einer Stunde segelten wir zurück.

An Land warteten bereits Holger und Zoe bei einem Drink auf uns. „Hi, Ihr habt ja ganz schön Gas gegeben", begrüßte uns Zoe. Wir setzten uns dazu und tranken auch eine Kleinigkeit.

Am nächsten Tag planten wir mittags Pizza essen zu gehen. Im nahegelegenen Fischerdorf ergab sich die Gelegenheit. Wir setzten uns an einen großen Tisch und bestellten.

Als das Essen kam schob mir Lisa die Kinder rüber und sagte, sie wolle in Ruhe essen und ich könne derweil die Kinder füttern.

„Soll ich denn eine kalte Pizza essen", fragte ich.

Ein Streit drohte, weil Lisa für sich in Anspruch nahm, Urlaub zu haben. Manu ging dazwischen: „Was habt Ihr denn? Es ist doch so einfach." Sie schnitt die Pizza der Kinder in kleine Teile und machte ihnen vor, wie man diese mit der Hand essen könnte. Die Kinder fanden das toll und als ob ich es gewusst hätte, meldete sich Torben:

„Toll, so vernachlässigt man seine Kinder Manu." Torben hatte ihre Kinder beide auf dem Schoß und schob ihnen die Pizzastücke rein. Demonstrativ stand Lisa auf und setzte sich neben Torben: „Seht Ihr, so macht man das." Alle am Tisch schüttelten den Kopf, aber Lisa und Torben waren ein Herz und eine Seele. Am Tisch gegenüber saß eine italienische Familie, die Kinder unter sich und die Erwachsenen unter sich. Sie redeten viel und tranken bereits mittags Rotwein.

„Schaut, bei den Italienern geht es doch auch", sagte ich.

Lisa motzte rum wegen des Alkohols und Torben begann einen Vortrag zu halten, dass die Kinder so zu Alkoholikern erzogen würden.

Ich glaube, Manu konnte diesen Scheiß nicht mehr hören und bestellte demonstrativ einen Liter Rotwein und sechs Gläser. Als der Wein kam stellte sie als Provokation allen ein Glas hin, nur Lisa und Torben sparte sie aus.

Der Stimmung tat das keinen Abbruch. Wir entspannten uns zunehmend und Lisa bekam immer mehr ein Neidgesicht. Plötzlich nahm sie sich ihr Wasserglas und goss sich auch Rotwein ein:

„Torben, ich denke man muss auch Ausnahmen machen", sagte sie zu ihm. Und als ob er schon von ihr dressiert wurde, schenkte auch er sich ein. Es wurde ein lustiger Nachmittag. Irgendwann waren Torben und Lisa betrunken, was uns alle mehr als erheiterte. Dementsprechend wurde auch der Heimweg. Torben und Lisa mussten die doppelte Strecke laufen, um wieder zurückzukommen. Sie begannen sich gegenseitig zu stützen und wir gingen mit den Kindern voraus.

„Lassen wir dem Liebespaar seine traute Zweisamkeit, oder?", sagte Manu.

Wir waren schon lange zurück, da torkelten sie an. Es war nichts mehr mit ihnen anzufangen und wir legten beide in ihr Bett. Kurz drauf zogen sich auch Birgit, Zoe, Sebastian und Holger zurück und ich war mit Manu alleine.

Wir betrachteten gemeinsam die Sterne am Himmel und dann ergriff ich zum ersten Mal die Initiative: „Lass uns zum Strand gehen, Manu." Ohne ein Wort zu sagen stand sie auf und wir liefen dorthin. Ich suchte eine Möglichkeit uns zu verstecken und unbeobachtet zu sein und entschied mich für ein Tretboot.

„Komm Manu wir legen uns da drunter."
 Wir krochen unter das Schlauchbot und ich zog ihr ihre Short aus. Sie tat das gleiche mit mir.

Als wir versuchten miteinander zu schlafen mussten wir leider feststellen, dass dies mit Sand im Getriebe kein Vergnügen war.

Die Dunkelheit gab uns Deckung und wir gingen baden, um den Sand wieder loszuwerden. Manu begann mich so heftig zu berühren, dass mein Höhepunkt nicht lange auf sich warten ließ.

Dann tauchte sie ab und leckte einmal wie an einem Eis am Stiel. Als sie auftauchte erklärte sie mir was sie jetzt gerne hätte. Es war frivol und erregend zu gleich. Sie hielt sich an meinem Hals fest und ich massierte sie beidhändig bis sie ihren Kopf zufrieden auf meine Schulter legte. Wir betrachteten noch ein wenig den Nachthimmel und als es begann kalt zu werden bibberten wir uns zurück.

„Stefan, komm schnell unter die warme Dusche",
sagte Manu und zog mich hinüber zum Duschhaus.
Das Wasser wärmte
uns und Manu begann erneut mich zu befriedigen,
dabei lachte sie: „Schaun wir mal was Du drauf hast
mein Hengst."
Und plötzlich hatte ich es nochmal drauf. Sie stellte
sich mit beiden Händen rückwärts an die Wand und
forderte mich auf, einen Besuch zu wagen. Ihre wunderbaren Flanken klatschten gegen meine Schenkel
und wir kamen zeitgleich. Als ob nichts geschehen
sei, gingen wir zurück in unser kleines Lager. Bei dem
Gedanken heute Nacht nicht nebeneinander zu liegen
überkam uns Einsamkeit, doch wir konnten es nicht
ändern.

Die nächsten Tage, ja der ganze Urlaub, war der Beste, den ich je erlebt hatte. Lisa war entspannt und
hing mit Torben ab, die Kinder hatten ihren Spaß und
sogar Sultan genoss sein schattiges Eck am Campingwagen. Manu und ich nutzten jede Gelegenheit uns
abzuseilen. Ich glaube wir hatten in diesen zwei Wochen mehr Sex als in den letzten zwei Jahren mit unseren Partnern.

Doch irgendwann musste auch diese schöne Zeit zu
Ende gehen und wir fuhren nach Hause. Als ob ich es
gewusst hätte, kaum waren wir zur Tür herein, verfiel
Lisa wieder in ihr altes Schema:

„Kommst Du die nächsten Tage früher nach Hause? Die viele Wäsche muss gemacht werden."
Ich schaute sie von oben bis unten an und konnte es gar nicht glauben. „Lisa, wie stellst Du Dir das eigentlich alles vor? Ich habe einen 12-Stunden-Job und Du bist daheim. Trotzdem soll ich mich um den Berg Wäsche kümmern, da passt doch irgendwas nicht."
„Torben hat mir erzählt er würde heute gleich damit anfangen, dann wäre er in drei Tagen durch."
„Torben, Torben, Torben, ich kann es nicht mehr hören. Der steht halt da drauf, aber ich muss eine Stunde ins Büro fahren und eine Stunde wieder heim. Außerdem, Manu verlangt das gar nicht von ihm. Er macht das, weil er es toll findet."
„Na und, ist doch mir egal, ich habe keine Zeit und wir haben es so vereinbart. Wäsche ist Dein Part."
„Nein Lisa, Du hast es so beschlossen und ich habe mich gefügt, das ist nun vorbei."

Sie schmiss ihre Sachen hin und rannte aus dem Haus. Ich wollte ihr noch hinterher, doch dann dachte ich mir, soll sie doch. Mir war nun endgültig alles egal.

Am späten Abend kam sie zurück. Ich hatte den Kindern gerade Essen gemacht und begann Annalena zu füttern.
„Sorry Stefan, ich kann nicht anders. Ich versuche mich zu bessern, ok?" Ich gab ihr keine Antwort. Als die Kinder satt waren, brachte Lisa sie ins Bett.

Ich fühlte mich unwohl. Das alles hier erdrückte mich. Einige Tage später war wieder Donnerstag und wir trafen uns zum Stammtisch.

## Alte Schule Teil 1: „Die Hausfrau 1954"

Wie erwartet war Manu anstatt Torben dabei und wir verbrachten einen lustigen Abend. Irgendwann kam einer der anderen Stammtischbrüder zu uns rüber und sagte, dass sie unsere Unterhaltung mitgehört hätten und sie würden uns gerne ein paar Tipps geben wie es so bei Ihnen zu Hause laufen würde. Zuerst zögerten wir, doch dann setzten wir uns alle an den Dorfstammtisch.

Einer der älteren Herren begann:

„Jungs, Ihr müsst zurück zu alten Tugenden. Tugenden, die man Euch nicht mehr anerzogen sondern eher abgewöhnt hat.

Ihr müsst wieder lernen, wie unsere Generation zu leben. Das bringen wir Euch gerne bei."

„Das heißt Ihr lernt uns wie ein Pascha zu leben? Es ist also ein Paschaseminar", sagte Holger und alle lachten.

„Ok, kann ich da einen Master machen, gibt es verschiedene Bausteine für die es Zertifikate gibt", merkte ich an und die Alten verstanden was wir wollten.

„Ok", sagte der eine, „dann als Seminar. Das Seminar besteht aus verschiedenen Bausteinen, die durch Zertifikate bis zum Paschamaster führen. Wir sind die Professoren und unsere Lehren basieren auf den alten Büchern wie *Die Hausfrau 1954*. Nur wir können diese überhaupt noch richtig lesen." Manu lachte herzhaft.

„Und welche Bausteine werden die Seminare haben?", fragte Sebastian. Die Alten steckten kurz ihre Köpfe zusammen.

„Die Bausteine:
Der richtige Blick auf Ordnung und Sauberkeit,
Belohnungstaktiken,
Wie drücke ich mich richtig aus,
Beurteilung von Essensqualität,
Freizeitplanung,
Entwicklung von Unverständnis für Frauen
und der richtige Umgang mit Kindern", erläuterte einer der Weisen.

„Jeden Donnerstag gebt Ihr uns eine Runde aus und Ihr erhaltet Einblick in eines der Themen", ergänzte ein anderer.

Wir waren einverstanden und bestellten die erste Runde. Am Kopf des Tisches saß ein sehr ordentlich gekleideter Mann in den Siebzigern. „Ich mache das mit der Ordnung und Sauberkeit. Seid Ihr bereit?", fragte er. Wir nickten und er begann.

Ein schönes Zuhause ist der Titel der in so genannten Living-Zeitschriften immer wieder erwähnt wird. Dazu gehört nicht nur der Feng Shui-Garten sondern auch Ordnung und Sauberkeit. Darüber wird nur leider in diesen Frauenzeitschriften viel zu wenig geschrieben. Das bedeutet im Regelfall aber leider, dass viele grundlegende Dinge immer weiter in den Hintergrund treten. Achtet also immer auf Folgendes:
Saubere Bäder, die werden aber nur sauber, wenn man mit kleinen Händen auch in den Ecken putzt, keine Spinnweben in den Ecken,
geputzte und staubgesaugte Böden.

Keine herumliegenden Gegenstände oder Kleidungsstücke.

Saubere Wäsche.

Aufgeräumte Küche.

Optimal ausgestattetes Wohnzimmer, das Kinderzimmer des Mannes.

Ich sah in den Gesichtern meiner Freunde, dass sie sofort ihre Problemzonen erkannten. Manu quatschte dazwischen: „Das sage ich dem Torben auch immer." Alle lachten.

Der ältere Herr fuhr fort: „Stellt es Euch also folgendermaßen vor. Wenn Ihr von der Arbeit nach Hause kommt, lasst einfach Euren Blick schweifen. Bereits mit dem ersten Schritt in Euer Zuhause, schaut in die Ecken und auf den Boden. Werft einen Blick in die Küche und schaut im Wohnzimmer vorbei. Kontrolliert Ihr die aufgezeigten Kriterien und findet einen unbefriedigenden Zustand vor, macht Euch sofort bemerkbar. Am besten eignen sich die Worte *Schaatz, komm mal eben.*"

„Toll, den kenn ich nur von meiner Frau", sagte Sebastian.

Wir mussten wieder laut lachen.

„Um nun einen Lerneffekt zu erzielen geht ihr nicht freundlich auf die unzureichend durchgeführten Tätigkeiten ein, sondern stellt die Frage: *Fällt Dir was auf.* Wenn die Antwort ist, *Nein nichts*, dann fragt nach der Sinnhaftigkeit von Sauberkeit und Ordnung. Also z.B. so: *Müssen wir für die Spinnen eigentlich Hundesteuer bezahlen?*, oder: *Beuss Fettecke war ein*

*Kunstwerk, Du bist aber keine Künstlerin*, oder: *Ist der Boden so rutschig, dass man streuen muss?*, oder: *Ist der Esstisch das neue Altpapierlager?*, oder: *Von welchem Designer ist der Fleck auf Deinem Shirt?*, oder, wenn sie offensichtlich den Tag mit Fernsehen verbracht hat: *Der Fernseher ist ja noch warm, wolltest Du mir den richtigen Sender einstellen?*. Bei dem Blick in die Küche achtet auf herumstehendes Geschirr.

Ihr könnt jederzeit Aufmerksamkeit erzeugen in dem Ihr fragt: *Machst Du gerade die Schränke von innen sauber, dass so viel rumsteht?*.

Damit schlagt Ihr zwei Fliegen mit einer Klappe, Ihr ermahnt das rumstehende Geschirr und erinnert an die Sauberkeit in den Schränken."

Holger begann mitzuschreiben. „Jetzt hör doch auf Holger, das ist doch nur ein Scherz", sagte ich zu ihm. „Wer weiß wozu man das noch brauchen kann", entgegnete er mir.


Wir lauschten weiter: "Als nächstes geht Ihr bestimmt im Normalfall in Richtung Schlafzimmer um Euch umzuziehen. Schlafzimmer neigen oft zu Staubbildung. In großen *Wuckerl* sind diese leicht zu erkennen. Sobald Ihr etwas Wind durch den Gang ins Schlafzimmer lasst, setzen sie sich in Bewegung. Seht ihr verschiedene dieser Gebilde ruft wieder laut: *Schaatz, komm doch mal.*

Im positiven Fall ist Eure Frau nun schon sensibilisiert und ihre Aufmerksamkeit wird Euch zur Verfügung stehen. Legt Euch auf den Boden und tut so, als ob Ihr

etwas unter dem Bett sucht. Sie wird euch fragen: *Was machst Du da?.*
Antwortet ruhig aber bestimmt: *Die süßen Kleinen, schau wie sie spielen.* Es könnte sein, dass sie dann sagt: *Welche Kleinen?* Dann antwortet Ihr: *Na die Tiere aus der Werbung mit den blonden Perücken gegen die nur der neue Staubkönig hilft.* Im Normalfall sollte das ausreichen, um Euren Unmut über den allergieerregenden Staub adressiert zu haben."
Torben malte ein Bild und zeigte es allen. „Das sind ja scharfe blonde Staubwuckerl", sagte Sebastian und wir mussten wieder herzhaft lachen.
„Nachdem Ihr Euch nun umgezogen habt ist normalerweise der nächste Weg ins Bad. Dort gebt Ihr Eure Alltagswäsche in die Box für Dreckwäsche. Dabei ist ein Synergieeffekt, dass Ihr kontrollieren könnt ob diese bereits überfüllt ist. Ihr ruft wieder: *Schaatz, komm mal bitte.* Wenn die Holde da ist fragt ihr: *Sag mal, hat die Wäschebox Beine?* Wenn sie fragt, warum, antwortet Ihr: *Weil sie noch nicht in die Waschküche gelaufen ist.* Dabei drückt Ihr ihr die Box in die Hand und erklärt ihr den Weg in die Waschküche. In Härtefällen zeichnet dafür einen Lageplan mit Wegbeschreibung."

Wir bekamen kaum Luft vor lauter Lachen.

„Nun weiter zum Bad. Toilette, Dusche, Badewanne und Spiegel sind Eure wichtigsten Anhaltspunkte. Bei Verkalkungen der Sanitärgegenstände ruft wieder: *Schaatz, komm mal*. Ruft lauter, wahrscheinlich ist sie mit der Wäsche noch im Keller."

Wir hauten alle mit den flachen Händen auf den Tisch und lachten, dass das ganze Wirtshaus uns hörte.

„Wenn sie dann zu Euch stößt, erinnert sie an einen Helm: *Pass auf Schatz, zieh einen Helm an, dass ist in Tropfsteinhöhlen Pflicht*. Gut ist auch: *Bring mir mal meine Brille, ich kann mich im Spiegel nicht mehr sehen.* Wenn es zu Uneinsichtigkeit kommt erklärt ihr, warum Frauen kleine Hände haben."

„Warum?", fragte Manu.

„Na, damit sie beim Putzen besser in die Ecken kommen", bekam sie zur Antwort und wir mussten wieder lachen.

„Habt Ihr das alles konsequent umgesetzt, wird Euer zu Hause Pikobello sein."

Wir applaudierten ihm und Sebastian fragte: „Und das haben Sie schon so gemacht?"

Alle älteren Herren lachten und ließen die Antwort offen.

Um 22.3o Uhr verabschiedeten wir uns alle voneinander und wurden für den nächsten Donnerstag eingeladen, um Teil zwei unserer Schulung zu bekommen.

Auf dem Weg nach Hause  waren wir uns alle einig, dass die Alten irgendwie noch viel entspannter waren als wir und die Geschichte zwar total überzogen sei, aber wohl ein Quäntchen Wahrheit in den Worten gelegen hätte.

Als Manu mir gute Nacht sagte meinte sie nur noch: „Schade, nächsten Donnerstag ist wieder Torben dabei und ich hätte den nächsten Teil so gerne gehört."

## Alte Schule Teil 2: „Das Geschenk als Belohnung"

Die Woche verging wie im Flug und am nächsten Donnerstag saßen wir wieder mit den Alten zusammen. Als hätten sie sich abgestimmt übernahm wieder ein anderer das Wort. Zu meiner Verwunderung, war Manu wieder dabei.

„Wo ist Torben?", fragte ich sie. „Dem hab ich gesagt, dass das Thema wichtig ist für mich und ihm angeboten, er könne ja Lisa besuchen", antwortete sie mit einem Zwinkern.

Ohne weiter darauf einzugehen setzten wir uns und bestellten die erste Runde, den Lohn für unseren Unterricht.

Ein in Tracht gekleideter Mann Mitte 60 ergriff das Wort:

„Wir wollen heute über Belohnungstaktiken sprechen, also Lob, Geschenke usw. Frauen stehen unheimlich auf kleine Geschenke. Hier und da ein paar Blumen, ein Ring oder etwas Parfum kommen immer gut an. Dabei gibt es aber eines zu beachten. Ein Geschenk sollte etwas Besonderes sein, es darf nicht zur Gewohnheit werden und Erwartungen wecken. Sobald sie zu Euch sagt: *Du hast mir aber schon lange nichts mehr geschenkt, habt Ihr ihr zu oft was geschenkt.*"

„Toll", sagte Holger, „Das kenn ich nur zu gut. Mittlerweile bring ich jede Woche Blumen mit." Er kramte wieder seinen Notizblock heraus. „Stellt das Schenken dann für mindestens ein Jahr ein. Geschenke sollten auf jeden Fall immer mit einem Lob verbunden sein. Solange also die am letzten Donnerstag erläuterten Zustände nicht verbessert wurden, schenkt ihr maximal Haushaltswaren, die Euren Anspruch weiter untermauern und eine Erinnerungsfunktion haben.

Als Beispiel sind zu nennen: Putzlappen, Bügeleisen, Staubsauger, Haushaltsreiniger etc. Wenn Ihr aber mit dem Zustand Eures Zuhauses zufrieden seid, dann greift zum ganz großen Kino: Blumen, Parfum und ein romantisches Abendessen und sie gehört Euch. Heißt: Wie bei einem Hund der ein Kommando befolgt hat, bekommt auch Eure Holde ein Leckerli."

„In Anlehnung an Agility wird sie es verstehen", sagte ich und wir mussten lachen. „Und glaubt mir, es wird funktionieren." Der Mann in Tracht fuhr fort:

"Belohnungen könnt Ihr auch für erfolgreiche Putzfrauen einsetzen. Nur vermeidet hier Blumen, Parfum und ein romantisches Abendessen.  Außer, sie kommt aus Polen und ist 21."

# Alte Schule Teil 3: „Kommunikation"

Wir klopften uns auf die Schulter und stimmten ihm lachend zu. Manu begann derweil mir unter dem Tisch den Oberschenkel zu streicheln. Ich verspürte eine gewisse Enge, lauschte aber konzentriert weiter.
„War es das schon", sagte Manu als der Mann aufhörte.
„Ja, mehr gibt es dazu nicht zu sagen."
Ich bestellte noch eine zweite Runde und bat gleich mit dem nächsten Thema weiter zu machen. Sie stimmten zu und der nächste begann:
„Sich richtig auszudrücken ist das A und O in einer guten Ehe.
Oft ist es so, dass Gesten mehr sagen als Worte. Ein einfaches Beispiel: Ihr habt Durst und Euer Bierglas ist leer, das geht übrigens auch mit einer Flasche, sagt dann aber nicht: *Schaatz, kannst Du mir bitte noch ein Bier holen*, nein. Ihr nehmt lediglich das leere Behältnis und schwenkt damit vor ihrer Nase. Das ist auch gleichzeitig ein stilles Kommando, was Euch in kein Gespräch verwickelt, was lästig sein könnte, wenn gerade Fußball im Fernsehen läuft.
„Geil", sagte Holger, „Mein Vater macht das auch so, wo habt Ihr das nur alle gelernt?" Wir mussten erneut lachen.
„Sollte es nicht funktionieren, dann stellt eine Frage: *Was glaubst Du warum ich das mache?* Wenn ihr keine Antwort bekommt oder nur Unverständnis

erntet dann macht Folgendes: Schwenkt das Behältnis erneut, nehmt Eure Holde an die Hand, geht mit ihr zum Bierkasten, nehmt eine Flasche heraus, drückt ihr diese in die Hand, führt sie in die Küche. Gebt ihr dann den Flaschenöffner, nehmt zärtlich ihre Hand, führt sie zur Flasche, öffnet diese mit ihrer Hand und nehmt sie wieder mit ins Wohnzimmer und stellt die Flasche mit ihrer Hand auf den Tisch. In Härtefällen könnte Ihr es heutzutage auch fotografieren und die einzelnen Schritte in ein Handbuch packen, das könnte helfen."

Holger schrieb weiter alles auf. „Ähnlich könnt Ihr es mit vielen anderen Aufgaben auch tun, da habt Ihr alle Freiheit. Sollte für verschiedene Dinge doch ein Gespräch notwendig sein, dann beginnt Eure Ansprache immer mit den Worten: *Schaatz, wir müssen reden*. Dies sollte dann schon eine gewisse Sensibilität erzeugt haben, die Euch in eine Vorteilssituation bringt, denn sie hat Angst, sie bekommt den nächsten Rüffel, somit wird sie alles tun was ihr wollt.

Dann ist es wichtig nicht um den heißen Brei herum zu reden, sondern direkt auf den Punkt zu kommen. Fragen werden gar nicht erst gestellt. Also ein Beispiel: Ihr wollt am Freitagabend mit Euren Kumpels ins Fußball gehen. Dann sagt Ihr: *Ich gehe am Freitagabend mit meinen Kumpels ins Fußball*". Sebastian nickte:

„Das ist es, warum sollte ich als Erwachsener darum bitten? Ich bin doch ein selbstständiger Mensch. Birgit teilt mir auch nur mit, wann sie in Sport geht und fragt mich nicht."

„Ja genau, raunten alle." Manu war mittlerweile im oberen Bereich meines Schenkels angekommen und lächelte mich an. Doch ich lauschte weiter dem erfahrenen Ehemann.

„Ihr müsst Fakten schaffen, die unwiderruflich sind. Einem weiteren Gespräch weicht Ihr mit den Worten: *Hast Du nichts zu tun?* aus. Wenn Ihr dann wieder voll konzentriert in den Fernseher schaut, ist der Drops mit Sicherheit gelutscht. Ähnlich geht Ihr bei anderen Anliegen auch vor."

Wir diskutierten noch bis Mitternacht, was wir aus den Vorschlägen lernen könnten. Es war uns allen bewusst, dass diese nicht 1:1 umzusetzen waren, aber ein bisschen was davon wollten wir uns schon aneignen.

Manu war an diesem Abend unheimlich hilfreich, da sie uns die Seite der Frau schildern konnte und das brachte auch einen andern Blickwinkel. Als wir nach Hause gehen wollten sagte mir Manu, dass sie unheimliche Sehnsucht hätte und es kaum noch aushielt. Wir müssten uns was einfallen lassen um irgendwie etwas Zeit für uns zu haben. Leider fiel uns erst mal nichts ein.

Das Wochenende verlief ruhig. Wir fuhren mit den Kindern in den Wildpark und kümmerten uns gemeinsam, ja gemeinsam, um den Haushalt. Lisa war gut drauf und ich fragte sie nach dem Abend mit Torben.

„Das war total nett. Torben hat uns was gekocht und wir haben viel geredet. Die Kinder haben alle zusammen im Schlafzimmer geschlafen, total süß."

„Und magst Du Torben", fragte ich sie.

Lisa verschlug es die Sprache und sie begann mit den Worten zu ringen.

„Ich mag Torben sehr, er ist so wahnsinnig verständnisvoll und kann sich super in meine Lage versetzten und versteht genau was mich bewegt."

So ein Frauenversteher, dachte ich mir nur.

„Weißt Du, wenn wir Singles wären konnte ich mir vorstellen, mit Torben etwas anzufangen." Mich beruhigten ihre Worte, denn wenn sie sich von mir trennen würde, wäre sie bestimmt nicht alleine und käme schneller darüber hinweg.

# Liebesausflug

Montagmorgen fuhr ich wieder ins Büro, mit dem Zug natürlich. Aus reiner Routine hatte ich meine Vorsätze vergessen. Gegen zehn kam Beate zu mir und brachte die Tagespost und meine Unterschriftenmappe.

Sie stellte sich neben mich und legte alles vor mir auf meinen Tisch und währenddessen gab sie mir einen Kuss.

„Beate ich dachte wir wollten das lassen", fragte ich sie, doch sie ließ nicht ab von mir und wollte mehr. Ich spürte auf einmal wie unangenehm es mir war, aber gegenüber Manu und nicht Lisa und dann fiel es mir wie Schuppen von den Augen. Ich war verliebt.

Ich schob Beate beiseite und sie lief enttäuscht aus meinem Büro.

Am Nachmittag rief mich Manu an. „Du, nimm Dir zwei Tage Urlaub und sag Lisa, dass Du auf Dienstreise musst. Ich hab mit einer alten Schulfreundin gesprochen, die deckt mich und so wird Torben nichts merken." Wie ein Pennäler, verrückt vor Liebe, willigte ich ein und wir planten am Mittwoch zu verschwinden. Ich rief Lisa an und berichtete ihr, dass ich Mittwoch nach Österreich müsse, um in einer dortigen Filiale nach dem Rechten zu sehen. Sie war zwar erst etwas verwirrt, akzeptierte aber dann meine Pläne.

Manu und ich trafen uns Mittwochmorgen am Hauptbahnhof und nahmen uns als erstes in den Arm. Ich sagte ihr, dass ich sie lieben würde und sie das Beste sei, was mir je begegnet ist. Wir suchten uns einen Zug nach Kufstein und fuhren los.
Dort angekommen, ließen wir uns mit einem Taxi in die Berge fahren, um in einem romantischen Hotel den anstehenden Tag und die kommende Nacht zu verbringen als ob es unsere letzte wäre. Es sollte alles perfekt sein. Im Hotel gab man uns die Honeymoon-Suite und wir sprangen sofort ins Bett. Manu war einfach toll. Wir brauchten keine Worte um zu wissen was der andere wollte. Sie führte mich immer genau dorthin wo sie mich haben wollte und ich konnte ihr mit kleinen Zeichen meine Bedürfnisse zeigen.

Es war wunderbar. Nach zwei Stunden setzten wir uns in den Whirlpool und entspannten.
„Willst Du auf dem Zimmer essen oder soll ich uns einen Tisch bestellen", fragte ich sie.
„Lass uns doch im Restaurant essen, danach haben wir noch eine ganze Nacht vor uns."
Wir sprangen unter die Dusche und zogen uns an. Manu holte eine Boutique-Tüte aus ihrer Tasche und sagte:
„Schau was ich mir für Dich gekauft hab." Sie zeigte mir ein tolles tief ausgeschnittenes Cocktailkleid und schwarze Lederstiefel. Und dann zog sie neue Dessous an. Schwarze, mit String, Straps und Strümpfen. Sie sah einfach toll aus. Aus der kleinen Erzieherin wurde eine heiße Lady.

Wir gingen ins Restaurant hinunter, wo uns der Oberkellner einen Tisch gab. Er zündete eine Kerze an und wir schauten uns tief in die Augen, als sich jemand neben uns räusperte. „Die Karte mein Herr."

„Stefan bestell Du für uns, ich glaube Du kannst das besser." Ich ließ also groß auftischen mit allem Drum und Dran. Champagner zur Vorspeise und Rotwein zur Hauptspeise. Wir genossen den Abend als wären wir schon immer zusammen gewesen.

Eine große Vertrautheit stellte sich zwischen uns ein und wir begannen über die Zukunft zu sprechen. Wir malten uns aus, wie wir zusammen in unserem Haus wohnten und gemeinsam alt würden, dabei beachteten wir das Essen fast gar nicht, so waren wir in uns vertieft und als der Kellner den Kaffee bringen wollte sahen wir das Desaster.

Wir waren total beschwipst und die Flaschen stapelten sich auf unserem Tisch. Ich ließ die Rechnung aufs Zimmer setzen und wir gingen Richtung Aufzug.

„Lass uns noch schwimmen gehen", sagte Manu.

„Die haben einen Pool im Keller."

Gesagt getan, wir fuhren in den Keller hinunter. Es war stockfinster und wir waren alleine. Manu zog sich aus und wir sprangen ins Wasser.

Dort liebten wir uns und genossen die Einsamkeit. Draußen leuchteten bereits die Sterne und der Mond schien auf das Wasser des Pools, als ob lauter kleine Lämpchen in ihm schwammen. Plötzlich ging das Licht an und eine Dame im weißen Kittel kam herein.

„Das ist verboten, nach 22 Uhr nicht mehr baden, machen Sie, dass sie rauskommen. Sie sind ja nackt!"

Sie drehte sich um. Wie zwei kleine Kinder schnappten wir uns zwei Handtücher, packten unsere Kleider und verschwanden im Aufzug.
Nach einer wundervollen Nacht wachten wir glücklich auf und wussten es gab keinen Ausweg mehr. Wir mussten zusammenkommen, Lisa sollte sich endlich von mir trennen.

Doch ich hatte Angst vor der Scheidung. Donnerstagabend kam ich nach Hause und schmiss meine Klamotten nur hinein und wollte gleich wieder auf den Stammtisch verschwinden, doch Lisa wollte das verhindern. „Heute nicht mein Freund, Du warst zwei Tage weg und ich hatte alles am Hals."
„Ich gehe da heute hin, Du kannst da bleiben und aufräumen."
Ich wusste nicht was ich sagen sollte und entschied mich für Worte, die überhaupt nicht zu meinem Stil gehörten:
„Du kannst mich mal, das ist mein Stammtisch."
Ich schob sie auf die Seite und ging wieder, völlig ignorierend was sie noch tat oder wollte.

# Alte Schule Teil 3: „Ernährung"

Im Wirtshaus hatten sich bereits alle eingefunden. Heute war Torben wieder da und wir setzten uns zu den Weisen an den Tisch. Der älteste unter ihnen war dran. Er sagte: „Ich werde Euch heute die wichtigste Weihe geben, dann seid Ihr bereit für ein neues Leben", dabei schmunzelte er und legte sich einen weißen Seidenschal um.

„Wie zufrieden seid Ihr mit dem Essen, was Ihr zu Hause bekommt?" Er schaute in fragende Gesichter.

„Also gehe ich mal davon aus, dass es nicht immer gut ist und Ihr Euch eigentlich schon längst mal Luft machen wolltet.

Und das geht so: Eine gute Köchin ist Gold wert. Damit die Liebe auch richtig durch den Magen gehen kann, braucht man regelmäßig was *Gutes*. Hört also auf immer wieder zu sagen es schmeckt, wenn es das nicht tut. Wenn etwas auf den Tisch kommt was Euch nicht mundet, dann nehmt Ihr einen Bissen, verzieht das Gesicht dabei, knallt das Besteck auf den Teller und schiebt diesen mit den Worten: *Willst Du mich umbringen* von Euch weg."

„Davon hab ich immer geträumt, während ich mir den Fraß reingezogen hab", sagte Sebastian

„Ihr müsst das regelmäßig wiederholen und solange keine Qualitätssteigerung merkbar ist, steht Ihr auf und geht einfach ins nächste Wirtshaus. Dieser Denkanstoß sollte zu einer nachhaltigen Verbesserung führen. Sollte das immer noch nicht helfen, fangt an über das Essen Eurer Mutter und Schwiegermutter zu philosophieren.

Wie gut dies war, wie gut das war. In der Regel wird sich Eure Holde erkundigen wie das jeweilige Gericht gekocht wird. Ihr könnt somit Euer Seelenheil erreichen: *Essen wie bei Muttern.*"

„Das wäre klasse", sagte Sebastian und lachte dabei.

„Auch schnelle Gerichte müssen kurzfristig machbar sein. Wer kennt das denn nicht, man kommt nach einem anstrengenden Fußballabend leicht angeheitert nach Hause oder auch sternhagelvoll. Der Hunger tritt plötzlich auf und man hätte gerne zum Gute-Nacht-Bier noch eine Brotzeit. Gute Hausfrauen sind darauf vorbereitet und haben das Essbedürfnis ihres Mannes immer im Auge. Also ein Tipp:

Sollte es Euch mal so gehen macht Folgendes: Ihr ruft eurer Holden zu: *Mach mir noch Brotzeit oder soll ich Dich vernaschen?*. Ihr werdet sehen, in Anbetracht Eures Zustandes steht die Brotzeit schneller auf dem Tisch, als Ihr schauen könnt, das verspreche ich Euch."

Wir mussten heftig lachen. „Wenn Ihr Euch nicht sicher seid, wann es denn was zum Essen geben soll, dann erarbeitet Euch einen Speiseplan, den Ihr in der Küche aushängt. Dann gibt es keine Irritationen. Denn das Essen hängt stark an Eurer Freizeitplanung. Wenn es um die Freizeitplanung geht, ist es oft schwer die richtige Balance zwischen Familie und Beruf zu finden, da müssen Essenszeiten verbindlich vereinbart sein.

Eins merkt Euch: Arbeit ist die Zeit, die Ihr im Büro verbringt und Freizeit ist die Zeit die Euch Spaß macht. Also schreibt Euch auf, woran Ihr Spaß habt. Hierfür macht einen konkreten Plan mit möglichst festen wiederkehrenden Terminen. Sollte dort kaum mehr Platz für die Unterstützung Eurer Frau sein, dann macht ihr klar, dass sie Euch besser unterstützen muss damit Ihr mehr Zeit für sie habt". Ich traute meinen Ohren kaum. Genau das machte Lisa schon seit Jahren mit mir. „Holger, kennst Du das irgendwoher?"

„Klar, Stefan, ich glaube es geht mir gerade so wie Dir oder?" Der Greis fuhr fort:

„Desto schneller also Essen in guter Qualität zubereitet ist und desto weniger Ihr Euch mit der Kontrolle von Ordnung und Sauberkeit oder Kindererziehung rumschlagen müsst, desto mehr Zeit habt Ihr für eure Frau. Wenn das einmal nicht klappt, könnt Ihr jederzeit großzügig auf den einen oder anderen Termin verzichten. Dieser Verzicht wird mit noch mehr Zuneigung und Aufopferung gedankt. Sie wird Euch glücklich machen."

„Das leuchtet ein", sagte Sebastian.

„Wenn Birgit mal auf Yoga verzichtet, freue ich mich auch wie blöd, weil sie ein Opfer für mich bringt."

Wir stimmten Sebastian zu.

## Alte Schule Teil 4:
## „Das richtige Verständnis"

Der ältere Herr sprach weiter: „Wenn das alles nicht klappt, haltet Euch immer vor Augen:
Ihr müsst nicht alles verstehen was Eure Frauen wollen oder denken. Es ist völlig normal, dass Männer eben nicht alles verstehen, was Frauen wollen. Fangt also gar nicht erst damit an die Worte *Schatz ich versteh Dich ja so* zu verwenden. Das ist Heuchelei, denn Ihr versteht sie eh nicht, weil Männer Frauen nicht verstehen können.
Ein Beispiel: Wenn Frauen sagen: *Mach nur, das ist ok für mich*, bedeutet das meist, lass es.
Oder wenn sie sagt: *Gefällt Dir mein Kleid* meint sie: *Ich finde mich zu fett.*
Wenn sie sagt: *Hast Du noch Hunger?*, meint sie: *Bist Du endlich fertig mit Essen?*
Wenn Ihr jetzt anfangen würdet, immer die richtige Interpretation zu analysieren, werdet Ihr nicht fertig. Ihr könnt die Frauen also gar nicht verstehen."
„Das ist wie mit dem Bikini, gell Holger?"
„Ja genau, so ähnlich. *Gefällt Dir mein Bikini, heißt immer ich finde mich zu fett.*"
Wir mussten alle fürchterlich lachen, weil wir genau das zu Beginn unseres Urlaubs erlebt hatten.
„Und was kann man dann tun", fragte Torben.

„Ihr müsst für die Dinge der Frau mehr Unverständnis zeigen und somit auch mehr Ehrlichkeit demonstrieren. Das führt dazu, dass die Frau beginnt, sich mehr für Euch zu interessieren und Euch zu verstehen. Wenn sie das geschafft hat, wird sie von rhetorischen Fragen absehen, weil sie sieht, dass Männer einfach nur die Wahrheit sagen. Sagt doch einfach wenn sie fett ist und wenn sie sagt, sie möchte etwas, dann macht es und interpretiert nichts hinein. Nach einiger Zeit wird alles gut werden, glaubt mir."

Wir bestellten noch eine Runde und wunderten uns über die Thesen der Alten. Aber irgendetwas war dran an den Worten. Doch die Frage, die sich immer wieder stellte war, passen denn Frauen und Männer überhaupt zusammen? Wir diskutierten und legten alle Argumente nebeneinander. Auf Basis aller Informationen, die wir gesammelt hatten, wurde eins immer klarer: Männer und Frauen passten nicht zusammen.

Holger fragte: „Habt Ihr schon mal irgendwas erlebt wo Ihr sagtet: *Männer und Frauen passen super zusammen?* Jetzt kommt mir nicht mit Sex und dem Bett, auch da gibt es genügend Differenzen. Wenn die erste Nacht mit einer Frau nichts war, gebt auf. Es wird keine bessere Nacht mehr kommen. Und gerade das ist nämlich enorm wichtig, wenn sonst schon nichts passt, im Bett sollte es wohl zumindest passen." Wir gaben ihm Recht.

Sebastian sagte: „Genau das sollte die Partner immer wieder zusammenführen. Denn sonst gibt es nur noch Dinge, die nicht funktionieren. Denkt doch mal an den Urlaub. Im Männerurlaub ist alles klar. Man steht auf, frühstückt gemeinsam mit den Kumpels und wenn einer ein Bier mag sagt er nur: *Bier*. Alle anderen werden nur *Jo* sagen. Macht Ihr das mit Eurer Frau, werdet Ihr einen Generalvortrag über Euren Bierkonsum, Zeiten zum Biertrinken und Unverständnis für Eure Frau, bekommen."

„Genauso ist es", bestätigte ich Sebastian.

Holger sagte: „Männer sind zum Beispiel auch in der Lage ohne große Worte den Tag zu verbringen. *Wie geht's – Passt – Und? – ok, Bier, jo!*. Diese Harmonie werdet Ihr mit einer Frau nie haben. Diese Kommunikation würde ausarten. Allein die Frage *wie geht's* führt zu einem wahnsinnigen Monolog. Dieser beginnt mit dem Aufstehen, den damit verbundenen Repressalien, über den Kaffeeklatsch bis hin zu den Kindern und der unmöglichen Figur und den Scheißklamotten Eurer Frau.

Und Reden tut nur sie. Alles was Euch hilft ist nicht die weitverbreitete Meinung, mit den regelmäßigen Verständnisbekundungen käme man weiter. Nein weit gefehlt, sie führen nur dazu, dass man sich anhören muss:

*Du verstehst mich ja eh nicht*.

„Wie oft ich das schon gehört habe", sagte Torben.

„Man muss ihr den Mund verbieten sonst erschießt einen das plappernde Maschinengewehr", sagte ich.

„Wusstet Ihr eigentlich, dass Frauen zwei Gehirne haben? Eines für die Sprache und eines zum Aufbau von Sätzen."

Wir lachten.

„Das Sprachgehirn hat derart viel Speicher, dass die Frau nahezu endlos in der Lage ist, den Speicher zu entleeren.
Ohne Pause ohne Nachdenken. Parallel dazu füttert das andere Gehirn das Sprachgehirn weiter mit sinn-losem Zeug. Ihr gehen also nie die Worte aus.

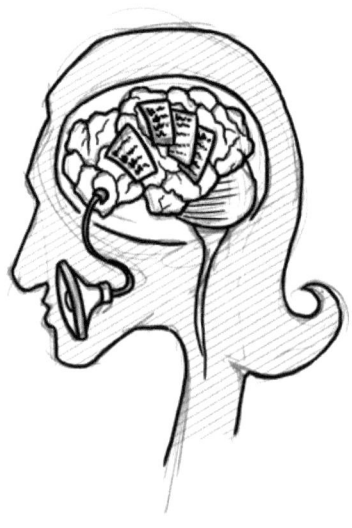

Führt Euch das immer vor Augen, dann versteht Ihr, warum manche Dinge so sind wie sie sind. Männer denken beim Sprechen nach. Was könnte der nächste Satz sein, wie formuliere ich ihn?

Das führt meist zu einer sehr bedächtigen Sprache, die von ständigen Unterbrechungen der Frau begleitet wird.

Sie findet es unverschämt dauernd unterbrochen zu werden, nutzt aber selbst jede Gelegenheit ihr Sprachgehirn zu entleeren, sagt oft: *Ich dachte Du bist schon fertig*, dabei habt Ihr nur an der Formulierung des nächsten Satzes gearbeitet."

„Ja, aber darüber muss man reden. Ich kann doch sagen wenn ich fertig bin. Z.B. mit einem: *Und jetzt Du*", argumentierte Holger.

„Und wenn wir das schaffen, dass sie darauf achtet, dann brauchen wir es auch nicht mehr zu betonen und es ist Ruhe", vollendete ich. Sebastian brachte dann noch zur Sprache, dass dann unbedingt die Belohnungstaktik eingesetzt werden müsste, damit es nachhaltig bleibe.

Wir diskutierten weiter und redeten uns in Rage. Sebastian griff den nächsten Gedanken auf: „Ein weiterer Grund, warum Männer und Frauen nicht zusammen passen, ist die Ausrichtung entlang öffentlicher Information. Männer lesen Autozeitschriften oder eine Fußballzeitung um sich zu informieren. Frauen lesen Brigitte, Gala und Bunte, um sich zu bilden und um nach Möglichkeit alle Diäten auszuprobieren und natürlich, um sich zu kleiden und zu geben wie die Promis. Die Wissenschaft des Kleingeistes führt nun mal oft dazu, dass dir Dinge geschildert werden wie: *Schau mal wie liebevoll sich Brad Pitt um seine Kinder kümmert* oder Roberto Blanco nimmt auch mal den Staubsauger in die Hand. Nur das Problem ist, Birgit ist nicht Angelina Jolie und ich bin kein schwarzer Schlagersänger. Es passt also nicht. Mach ihr das klar!"

„Ja, richtig, gut gebrüllt Löwe", stimmten wir ihm zu. Holger versuchte den Schluss zu machen:

„Und da Frauen anders ticken als Männer und Männer anders ticken als Frauen, passen sie nicht zusammen."

Wir waren zufrieden. Es schien, als hätten wir uns alle Probleme von der Seele geredet. Wir bestellten noch eine Runde und gingen dann nach Hause. Dort wartete schon mein Schicksal auf mich. Ein Wesen genannt Lisa.

## Bootcamp

Sie ließ mich noch nicht einmal zur Türe hinein und schoss sofort los. Ich konnte die Maschinengewehrsalben nicht im Ansatz abwehren und dann dachte ich an unsere Runde und rief: „Halt endlich mal Deine Klappe und lass mich auch was sagen!" Zumindest für Sekunden war Ruhe. Jedoch als ich Luft holen wollte, hatte sie schon wieder nachgeladen.

Ich nahm meinen Zeige- und Ringfinger in den Mund und pfiff. Es half, sie erschrak. „Lisa, Du hältst mir einen Vortrag an dem ich nicht beteiligt werde, das ist unfair. Ich hatte einen sehr schönen Abend und hier wird sich jetzt einiges ändern. Morgen komme ich um sechs nach Hause. Ich erwarte, dass dann Spaghetti mit Meeresfrüchten auf dem Tisch stehen und hier aufgeräumt wurde. Du besorgst auch eine Flasche von dem guten Roten. Und von mir aus trinken wir die erst, wenn die Kinder im Bett sind. Hast Du verstanden was ich gesagt habe?" Sie hatte gar nicht versucht mich zu unterbrechen und mir wohl das erste Mal richtig zugehört.

„Am Samstag gehe ich mit Holger in's Fußball. Ich bin ab 2 Uhr weg und komme erst abends wieder. Am Sonntag möchte ich einen Schweinebraten um 12 Uhr mit Knödeln und Krautsalat." Es hatte ihr wirklich gänzlich die Sprache verschlagen.

Eigentlich hätte ich gerne ein militärisches „Jawohl"
gehört, aber ich gab mich mit dem nichts sagen schon
zufrieden.

„Und jetzt holst Du mir noch ein Bier aus dem Keller
und legst Dich zu mir auf die Couch. Und wenn Du
ganz lieb bist", ich drehte richtig auf, „besorg ich es
Dir." Ohne einen Ton ging Lisa in den Keller und holte
mir und zu meiner Verwunderung auch sich selbst ein
Bier.

Sie legte sich zu mir auf die Couch und stieß mit mir
an.

Als wir ausgetrunken hatten schaute sie mich erwar-
tungsvoll an, doch ich ließ sie hängen und sagte:
„So, ging es mir die letzten Jahre immer wieder. Jetzt
weißt Du auch wie das ist."

Ich stand auf und ging ins Bett. Ich war stolz, so stolz
auf mich, dass ich mich zwei Meter größer fühlte.
Endlich hatte ich durchgegriffen und ihr gezeigt wer
der Herr im Haus ist. Das dachte ich zumindest. Als
ich am Freitag nach der Arbeit nach Hause kam roch
es schon nach italienischen Kräutern. Sie hatte wirklich Spaghetti Mare zubereitet und auf dem Tisch
stand mein Lieblingsrotwein.

Allerdings hatte sich Lisa wohl schon das ein oder
andere Glas eingeschenkt. „Wo sind die Kinder?",
fragte ich. „Die hab ich zu meinen Eltern gebracht."
„Aha, und warum?"

„Lass Dich überraschen." Lisa hatte nur noch eine
Kochschürze an und nichts mehr darunter. Sie musste
ausgehungert sein, dass sie sich so gehen ließ. Als ich
mich setzte brachte sie das Essen und schenkte mir
ein. Sie hatte wirklich gut gekocht. Wir aßen gemein-

sam und sie ließ nicht lange mit dem ersten Angriff auf mein bestes Stück auf sich warten. Als sie versuchte sich auf mich zu setzen, sagte ich: „Der Torben besorgt es Dir wohl nicht ordentlich."

Ich glaube sie hörte mich nicht und ritt einfach weiter.

Dann mit einem krächzen kam die Antwort: „Doch, nur wir Frauen vertragen mehrere Männer an einem Tag."

Während sie das sagte kam sie.

Ich stieß sie von mir runter und fragte sie ob sie das lustig finden würde. „Warum, Du vögelst doch auch mit Manu rum", warf sie mir an den Kopf. Ich verneinte, wollte es nicht zugeben. „Torben sagt, sie will nichts mehr von ihm. Fasst ihn nicht mehr an und geht ihm aus dem Weg. Ich habe doch gesehen wie sie Dich anhimmelt."

„Manu ist eine gute Freundin, die mich versteht und mehr ist da nicht, Basta."

„Hast Du jetzt mit Torben oder nicht?"

„Der hat keinen hoch bekommen, das Weichei und ließ mich stehen."

„Na toll, und nun?"

Ich dachte schon ich hätte sie soweit, doch dann sagte sie: „Na gut, einmal haben wir es gemacht, da wo Du mit Manu im Wirtshaus warst."

„Ok und jetzt, wie stellst Du Dir das vor?" Lisa schaute mich an: „Du hast einmal mit Manu gut, wenn sie Dich will."

Ich musste lachen. „Lass es Lisa, denk lieber darüber nach, ob Du Dich nicht von mir trennen willst. Das macht doch alles keinen Sinn." Nachdem ich das gesagt hatte, begann sie wieder mal zu weinen. Das musste so eine Frauenmasche sein. Wenn es irgendwie nicht läuft einfach mal zum Flennen anfangen. Ich nahm sie in den Arm und tröstete sie. Wir gingen gemeinsam ins Bett und schliefen fest umschlungen ein, das erste Mal in unserer Ehe. Am Samstag freute ich mich auf das Fußballspiel, als Manu bei Lisa anrief. Nachdem sie aufgelegt hatte sagte sie:

„Torben hat Manu alles erzählt."

„Und jetzt?"

„Ich habe ihm gesagt er soll seinen Mund halten, aber er hatte wohl so ein Gerechtigkeitsbedürfnis."

„Und jetzt?"

„Manu hat vorgeschlagen, dass wir alle miteinander reden und schauen wie wir da rauskommen."

„Sorry Lisa, ich gehe nachher ins Fußball und diese Suppe muss Torben alleine auslöffeln."

„Verzeihst Du mir?"

Ich gab ihr keine Antwort, weil es ja für mich gar nichts zu verzeihen gab, im Gegenteil. Ich hätte ihr eigentlich gratulieren müssen. Ich genoss einen wunderbaren Fußballnachmittag.

# Ich heirate Justitia

Mein Verein hatte gewonnen und Holger und ich
wollten noch in eine Kneipe zum Feiern. Nach ein
paar Bierchen fing er an mir von komischen Theorien
bzgl. Scheidung zu erzählen:
„Die Rechte der Frau haben sich gerade in den letzten
fünf Dekaden extrem verändert. Warum, kann ich bis
heute nicht verstehen. Wahlrecht, Führerschein, ei-
gener Besitz, eigenes Gehalt. Unglaublich, man hat
versucht die Frau von null auf hundert ganz vorne zu
platzieren. Und in dem Moment, als man das Experi-
ment zum Scheitern erklärte, saßen leider schon zu
viele Frauen in den Positionen, die es unmöglich gemacht hätten, die Gesetze wieder zu ändern."
„Wie bist denn Du drauf, Holger", fragte ich ihn.
„Jetzt lass mal, ich bin noch nicht fertig. Dem Grunde
nach gab es noch in den 50ern ein Gesetz, was fest-
legte, dass das Einkommen der Frau automatisch
dem Mann gehörte. Defakto ein richtiges Männerge-
setz.
Und ehrlich gesagt auch gut so. Denn wie ist es heute?
Du gibst Deine Kohle ab, bekommst etwas Taschen-
geld und Deine Frau regelt die Finanzen. Versuch mal
was zu kaufen, was in den Augen Deiner Frau unsin-
nig ist oder den Kindern nix bringt? Ah, ich merke,
das kennst Du wohl schon? Tja, die Autozeitung, die
Action-DVD, die Bierzapfanlage, der Akkuschrauber,

der Schwingschleifer usw. usw. usw. Vergiss es! Du bekommst es nicht mehr. Nimm Abschied von Deinem Recht Geld auszugeben für *unsinnigen Männerkram*. Aber bei all dem Wandel stellt sich doch die Frage, warum alles innerhalb von 50 Jahren ins krasse Gegenteil verdreht werden musste, ja teilweise noch schlimmer wurde als vorher. Sind die Rechte der Frau ein Flirt mit der Justiz? Hat Justitia mit ihrem Augenaufschlag den Gesetzgeber verführt? Flirtet der Mann nur noch mit Rechten der Frau oder mit den Frauen selbst?"

„Hast Du was genommen, Holger?", fragte ich ihn.

„Ganz im Gegenteil, ich bin so klar wie nie. Wo war ich. Ach ja beim Flirt. Brauche ich zum Flirt nicht schon fast einen Rechtsbeistand, der mich auf alle Risiken hinweist? Wie sieht mein Kollateralschaden aus, wenn ich die Blonde da hinten anbaggere. Jaja, Du hörst schon richtig, die Frage ist, muss ich mich rechtlich absichern bevor ich Kontakt zu einer Frau aufnehme?

Wer weiß was es alles so an Nebentexten zu entsprechenden Gesetzen gibt. Vielleicht steht irgendwo, dass selbst das gezielte Ansprechen einer Frau zum sofortigen Verlust der Selbstbestimmung führt oder das Abendessen in den ersten drei Monaten immer in einem Restaurant stattfinden muss und immer der Mann bezahlt. Zuwiderhandlungen werden mit einem Bußgeld von mindestens 50€ bestraft. Zu zahlen an die Stiftung *Frauen ohne Rechte*."

Ich versuchte mich zu beteiligen: „Ja das mit dem Essengehen, ist ein interessantes Thema. Hier wollte Lisa durchaus immer vom Kavalier ausgeführt werden und verzichtete auf Emanzipation.

War damals auch billiger, ich zahlte ja. Ich habe Lisa in unseren Anfängen sogar darauf angesprochen, dass Emanzipation auch heißt, selber zahlen.  Doch sobald sie was springen lassen sollte, wurde es wieder mal eng für mich. Die können sich winden, haben Ausreden und am Ende zahlst du auch diese Zeche. Der Mann also doch als Einnahmequelle für die Frau, also auch hier wieder die sklavische Ausbeutung, wie bei unserem Adam und Eva-Thema. Nur mit juristischem Hintergrund der dies rechtfertigt. Wo ist eigentlich unsere Männerbewegung? Wo ist unsere Emanzipation. Wir sind doch auch wer, oder? Wir wollen nun wieder unsere Rechte, unsere Männerquote, unser Bier! So schaut es doch aus!

Auch wenn die Gesetze sich in unsere Frauen verliebt haben, so sollte ein Mann doch Mensch bleiben dürfen und nach Männerschemen leben können. *The Modern Art of Living in Families* gibt leider keinen Spielraum für die Mischung aus Macho und Daddy. Und ich denke, das ist es doch was Frauen wollen. Nur wegen vereinzelten Propaganda-Blondinen ist doch unsere Frauenwelt nur geblendet. Das ist ja schon fast Volksverhetzung am weiblichen Geschlecht, was einzelne Mega-Emanzen da durchziehen. Und das steht unter Strafe soweit ich weiß. Volksverhetzung ist strafbar und wenn man manche dieser Kampfmütter hört ist sicher, es ist Volksverhetzung, da die meisten Frauen eigentlich nicht nur liebe- und verständnisvoll sind, sondern auch alles für ihren Mann tun würden. Und dann passt auch die Beziehung wieder. Beide Partner würden alles für den anderen tun. Nur leider haben einzelne Rechtlerinnen Wege erfunden, wie eben nur der Mann alles tun muss was die Frau will und nicht umgekehrt. Und diesem Sog der negativen Emanzipation können viele Frauen nicht widerstehen."

Holger war sprachlos. „Noch zwei Bier", die gehen auf mich, sagte er zum Wirt. Wir ertranken unseren Frust auf das massivste. Holger gehörte also auch zu den Zweifelnden.

Nachdem er sich irgendwann an der Theke einhalten musste, um noch stehen zu können, wollte uns der Wirt nichts mehr verkaufen. Ich zahlte und packte Holger unter den Arm um ihn hinauszuführen. Wir liefen Richtung Bahnhof und Holger nutzte die gesamte Breite der Gehwege aus.

Als ich ihn endlich in den Zug verfrachtet hatte, setzten wir uns und er schlief sofort ein. Ich hatte alle Mühe ihn aus dem Zug zu schleifen. Bei ihm zu Hause angekommen läutete ich und Zoe öffnete.

„Oh Mann, was habt Ihr denn gemacht?", fragte sie.

„Naja, Holger war etwas melancholisch und hat seinen Ärger weggesoffen", antwortete ich ihr.

Wir schleiften ihn zusammen in sein Bett und Zoe zog ihn aus. Dann organisierte sie noch einen Eimer aus dem Keller, den sie ihm neben das Bett stellte, nur zur Vorsicht.

„Magst Du noch mit mir ein Glas Wein trinken?", fragte sie mich dann. Nachdem ich meinen Anschiss zu Hause damit etwas hinauszögern könnte, willigte ich ein und wir setzten uns. Während Holger zu Reiern begann, erzählte mir Zoe, dass er immer mehr Zeit für sich selbst beanspruchen würde. Er bräuchte mehr Ausgleich zur Familie und seinem Job. Sie wisse nicht, wie sie damit umgehen solle, denn eigentlich hatten sie sich ja gemeinsam für dieses Leben entschieden. „Weißt Du Zoe", sagte ich, „Wenn einer von Euch nicht glücklich ist, dann wird das auf Dauer zur Belastung. Wann habt Ihr denn das letzte Mal Zeit für Euch gehabt, die ihr zu zweit verbracht habt und wo es um Eure Liebe ging und nicht um all das andere?" Zoe antwortete mir nachdenklich:

„Das stimmt Stefan, es dreht sich alles nur noch um unsere Familie, aber nicht mehr um uns. Ich neige dazu alles immer voranzustellen, auch meine Freizeit und Holger bleibt oft auf der Strecke. Dabei lebe ich in einem goldenen Käfig und genieße das auch. Ob ich noch eine Beziehung habe, weiß ich manchmal selbst nicht mehr."

Wir redeten einige Zeit und Holger belustigte uns nun mit Schnarchgeräuschen. Ich entschied mich, Zoe zu beichten, was ich alles in den letzten Wochen erlebt hätte.

Angefangen von Beate, über Juanita in Hamburg, die Erotikshow mit der Steuerberaterin und meine Liebe zu Manu. Ich hatte damit gerechnet sie würde erschrecken. Doch ganz im Gegenteil. Es passierte etwas, mit dem ich nie gerechnet hätte.

„Ich danke Dir für Deine Ehrlichkeit. Es ist wohl an der Zeit, dass ich etwas unternehme, damit Holger nicht in das gleiche Fahrwasser kommt. Das möchte ich nämlich nicht."

Um 11 verabschiedeten wir uns voneinander und ich ging heim.

Lisa erwartete mich bereits und begann sofort wieder mit der Torben-Geschichte.

„Lisa, lass mich jetzt bitte, ich möchte nur noch ins Bett", sagte ich zu ihr. Sie zeigte keinerlei Gegenwehr und legte sich sogar zu mir. Ich muss sagen, es kam mir vor, als würden wir uns nicht mehr kennen. Als ob wir nur noch zusammen ein Bett benutzen würden. Ich musste wieder an Manu denken und unsere Ziele.

„Nimm mich jetzt Stefan, ich brauche Dich", flüsterte Lisa irgendwann. Ich schlief mit ihr. Es würde das letzte Mal gewesen sein. Danach lagen wir, wie zwei verlorene Seelen nebeneinander und jeder wusste, die Liebe ist zu Ende und keiner wollte wohl irgendwas sagen. Doch dann versuchte Lisa es auf den Punkt zu bringen: „So richtig schön ist es nicht mehr, oder?"

„Ich weiß nicht Lisa, es ist so Schema-F, wie alles andere auch und genau das wird uns immer mehr zum Verhängnis werden."

Ich denke, sie erkannte selbst wo wir standen und drehte sich um. Als sie zu weinen begann, konnte ich es mir auch nicht verkneifen und mir liefen die Tränen runter. Ich wusste nun endgültig, dass die Zeichen auf Abschied stünden und es wohl kaum einen Ausweg mehr gäbe. Trotzdem war ich nicht mutig genug ihr zu erzählen, dass ich am liebsten hätte, sie würde sich von mir trennen und am nächsten Tag machten wir weiter wie immer.

# Immer diese Schwiegereltern

Lisa schob wirklich einen Schweinebraten in den Ofen und mittags brachten meine Schwiegereltern die Kinder zurück und wir aßen gemeinsam zu Mittag. Die Lobeshymnen, die auf Lisa gesungen wurden, verliehen mir ein sehr erdrückendes Gefühl. Ich glaube, sie dachten keine Minute darüber nach, dass immer zwei zum Leben gehörten und nicht nur ihre Tochter. „Mensch Stefan, was würdest Du nur ohne Lisa machen?", sagte mein Schwiegervater zu mir. Mir blieb der Knödel im Hals stecken.

„Habt Ihr mal darüber nachgedacht, was Lisa denn ohne mich machen würde?", antwortete ich ihm.

„Lisa? Die kann doch jeden anderen haben, sei froh, dass sie sich für Dich entschieden hat", sagte Lisas Mutter.

„Wisst Ihr, ich habe einen sehr anstrengenden Job, mache  zusätzlich den Haushalt und tue alles für die Familie, was in meiner Macht steht und Ihr stellt Lisa als Monstranz dar, vielen Dank."

Ich stand auf und wollte zur Tür hinaus, als Lisa das Wort ergriff: „Jetzt lasst ihn in Ruhe. Wir sind nur zusammen eine Familie und wir brauchen uns wenn dann gegenseitig. Und ich kann Euch heute schon sagen, ich habe es verbockt und ich könnte Stefan gut verstehen wenn er mich verlässt."

Lisas Worte schlugen ein wie eine Bombe. „Mutti wir gehen", hörte ich nur noch und sie verschwanden ohne ein weiteres Wort. Lisa hielt meine Hand ganz fest und meinte nur:

„Das musste mal gesagt werden, ich kann denen ihr Geschwätz auch nicht mehr hören." Ich setzte mich wieder und aß zu Ende. Am späten Nachmittag klingelte das Telefon und Lisas Mutter war dran. Ich sprach kein Wort mit ihr und gab sofort an Lisa weiter. Ich denke sie bekam eine Stunde lang Vorhaltungen, denn sie wurde immer wieder laut. Als sie aufgelegt hatte, setzte sie sich neben mich und erzählte was ihr so alles mitgeteilt wurde. Sie konnte es wohl selbst nicht glauben, aber ihre Eltern versuchten mal wieder, mich aus ihrem Leben zu verbannen.

„Sie wollen, dass ich mich von Dir trenne. Ich könnte bei ihnen wohnen und sie hätten auch schon einen anderen im Auge, der eher ihren Anforderungen entsprechen würde."

„Aber das ist doch nichts Neues, wie oft haben wir uns das schon anhören müssen, schließlich ist es ja auch Dein Haus und ich darf es abbezahlen. Sie leben in einer anderen Welt und in dieser möchte ich nicht leben."

„Ich aber auch nicht mehr. Ich möchte, dass wir in unserer Welt leben und sonst gar nichts."

Ich wurde nachdenklich. Sollte ich meinen Plan nochmal überdenken? Das alles aufgeben? Gerade jetzt wo Lisa wohl anfing in eine anderen Richtung zu sehen, als früher. Könnte es nochmal was werden? Ich war sehr verunsichert.

Montags fuhr ich ins Büro, mit dem Auto. Lisa sagte, sie würde es an diesem Tag nicht brauchen. Am

Nachmittag rief mich Manu an: „Hallo Stefan, Du fehlst mir."

„Du fehlst mir auch Manu, ich muss Dich sehen und Dir dringend ein paar Sachen sagen."

„Am Donnerstag ist ja wieder Stammtisch, lass uns versuchen danach auf dem Nachhauseweg zu sprechen ok, Liebster?"

„Ja gerne, ich liebe Dich", beendete ich das Gespräch und legte auf.

Die nächsten Tage schafften Lisa und ich es, uns nicht zu streiten. Wir sprachen ab, was so an stand und schafften es immer eine Lösung zu finden, die für uns beide passte. Es lief plötzlich genauso, wie ich es mir immer von ihr wünschte.

Nur warum auf einmal und warum genau jetzt? Ich fand keine Erklärung. Hatte Lisa vielleicht gemerkt, dass ich am Ende bin und waren das die letzten Zuckungen einer Beziehung?

War es ihre letzte Munition bevor sie vor unserer Ehe kapitulieren wollte? Oder war vielleicht alles nur gespielt? Die Zeit bis Donnerstag kam mir jedenfalls wie eine halbe Ewigkeit vor.

# Alte Schule Teil 5: „Erziehung"

Manu und ich hatten zwar öfter telefoniert, aber ich hatte trotzdem extrem Sehnsucht. Und dann war es endlich soweit.

Der Donnerstag kam und wir trafen uns wieder zum Stammtisch und die Weisen wollten uns zum letzten Mal ihre Unterstützung geben, als Holger zu uns stürmte. „Habt Ihr schon gehört? Den Sören aus der Siedlung gegenüber, den hat es erwischt. Trotz aller Menschenrechte, der Verfolgung von Kriegsverbrechern und der UNO hat sich etwas Schreckliches zugetragen. Sie haben ihn seelisch und körperlich misshandelt. Und der ist erst 38. Gott sei Dank haben die Nachbarn die Polizei gerufen. Die haben ihn am letzten Wochenende vor dem sicheren Hungertod und dem Verdursten bewahrt".

„Ja was ist denn passiert?", fragte ich.

„Moment ich hab den Artikel hier. Ich les mal vor:
Die Ehefrau des Verzweifelten, war am Morgen des Samstags für ein Wochenende mit den Kindern zu den Großeltern gefahren. In der gemeinsamen Wohnung fanden Polizeibeamte keinerlei altersgerechte Getränke. *Nur Wasser, Tee und Säfte.*
*So was habe ich noch nie gesehen*, sagte der noch sichtlich betroffene Polizeihauptmeister, der als erster am Ort des Schreckens ankam. Seine Kameraden und er erleben wohl so einiges, aber in jener Woh-

nung konnten keinerlei Bestandteile irgendeiner Männermahlzeit gefunden werden. In der Küche wurden Vollkorn-Frucht-Müsli, Milchprodukte und Rohstoffe wie Kartoffeln, Reis oder Eier, die vor dem Verzehr erst noch zubereitet werden müssten, sichergestellt.

In der Wohnung quollen die Regale über vor kulturwissenschaftlicher Fachliteratur. Keine einzige Männer-, Auto- oder Fußballzeitschrift konnte durch die Spurensicherung identifiziert werden. Auch kein dringend, lebensnotwendiger Flachbildfernseher.

Die freundlichen Helfer der Polizei brachten den Mann in eine Kriseneinrichtung der gastronomischen Männermission, das *Kleine Brauhaus* in der Marktgasse."

„Langsam hatten alle schon dieses hämische Lächeln im Gesicht", dachte ich mir. „Da hat sich Holger eine schöne Geschichte einfallen lassen."

„Der Gründer und geistige Vater der Einrichtung therapierte den stark geschwächten und dehydrierten Mann persönlich mühsam über Stunden mit Bier und Korn.", las Holger weiter.

„Zwischenzeitlich verteilten Mitarbeiter verschiedener Getränkeservice und Lieferdienste präventiv ihre Notrufnummern in der unmittelbaren Nachbarschaft des verwirrten Vaters. Warum kam die Hilfe erst so spät, fragten sich viele?

Oft seien Familienväter, aber auch einfache Lebensgefährten, die Opfer dieser Form der extremen Vernachlässigung geworden sind, zu traumatisiert, um selbst um Hilfe zu bitten.

Moderne Frauen sind mit der Haltung und Pflege eines Mannes häufig völlig überfordert. Der anfangs interessant und pflegeleicht wirkende Mann wird meist zur Belastung, wenn er nach der Brunft die klassischen Verhaltensweisen der Monogamie aufweist.
Nach der Geburt der Kinder bleibt den Frauen neben ihrer Berufstätigkeit kaum noch Zeit für den Mann. Niedere Beweggründe gibt es dafür so gut wie nie, die Frauen dazu veranlassen, ihren Mann alleine zu Hause zu zurückzulassen.
Jedoch sind es gerade diese Vorkommnisse, die die Einsatzkräfte immer mehr erschüttern. *Der Mann wog nur noch 90 Kilo*, sagte der Leiter des Interventionsteams komplett konsterniert und kopfschüttelnd.

Dem Opfer geht es mittlerweile den Umständen entsprechend gut. Aber das Entsetzen bleibt. Umliegende Hausbewohner stellten Notvorräte an Flachmänner und Sixpacks unter dem Balkon des Opfers auf und entzündeten Kerzen in Gedanken an ihn.
Auf einer Ansichtskarte einer Brauerei stand die Frage: *Wieso?*
*Was sind das für Frauen, die zu so etwas fähig sind?*, fragt man sich unwillkürlich angesichts dieses Falles von gefährlicher Vernachlässigung, die sich in unserer unmittelbaren Nähe ereignete. Gleichzeitig wirft er die Frage auf: Haben wir zu lange weggesehen?"

Wir lachten herzhaft, nur Sebastian fragte entrüstet: „Meinst Du wir sollten Sören besuchen?" Das amüsierte uns noch mehr. „Das war eine Geschichte, Holger wollte einen zum Besten geben", sagte ich zu ihm. „Aber das Thema ist viel zu ernst, ich kann darüber nicht lachen. Was glaubt Ihr wie oft ich schon verzweifelt nach Nahrung gesucht habe, weil Birgit weggefahren ist" sagte Sebastian. Manu japste nach Luft: „Dann komm das nächste Mal zu mir. Eine warme Suppe und eine Scheibe Brot hab ich immer für Dich".

„So, aber nun wieder zurück zum eigentlichen Thema", sagte einer der Weisen.

„Gibt es ein Thema zu dem Ihr immer wieder Differenzen mit Eurer Frau habt?"
„Ein Thema, das Euch beschäftigt? Sucht es Euch aus." Manu sagte:
„Wie geht man richtig mit Kindern um?" Dafür, dass sie gelernte Erzieherin war, fanden wir die Frage irgendwie spannend und der letzte der Methusalems begann:
„Der richtige Umgang mit Kindern ist manchmal schwierig. Er sollte immer eine Ausgewogenheit zwischen Mutter und Vater darstellen. Ihr werdet oft bemerken, dass Frauen gerne zwei Stunden mit dreijährigen diskutieren, warum etwas passt oder nicht in Ordnung ist.
„Oh ja, genau das ist das Problem und wenn ich einfach sage was ich will mache ich alles falsch", sagte Sebastian.

„Wenn Euch der Gedanke durch den Kopf geht, sag ihm einfach was Du willst und setze es konsequent durch, dann seid Ihr auf dem richtigen Weg. Denn nur so funktioniert es, sagt dem Kind, dass es nicht in Ordnung ist, wenn es Euer Bier auf dem Teppich ausschüttet oder mit dem Spielroboter ständig durch Eure Lieblingssendung läuft.

Wenn Ihr es mehrmals auffordern müsst, sein Vorhaben zu unterbinden, seit konsequent. Unterbindet es und nehmt dem Kind etwas ab, was es sehr gerne hat. Ihr seid die Chefs. Früher hätte es ja noch die gute alte Ohrfeige gegeben. Aber das ist nun mal Tabu, also denkt nicht mal dran." Manu sagte:

„Mir wäre aber oft danach. Immer wenn mir die Wut in den Kopf steigt, dann verspüre ich so einen Druck."

„Das geht mir auch so", sagte ich,

„Aber Lisa will trotzdem immer, dass ich verständnisvoll bin, obwohl ich einfach nur sage, was ich möchte."

„Frauen neigen dazu, Euch überzeugen zu wollen, dass man auf das Kind und seine Bedürfnisse eingehen muss und dass es verstehen muss, wenn etwas nicht in Ordnung ist.

Sobald Ihr auf diesen Zug aufspringt, verliert Ihr allen Respekt, also lasst es. Wenn Ihr einen Zugang zu modernen Erziehungsmethoden findet dann nehmt z.B. die stille Treppe, ein Platz im Haus oder in der Wohnung, wo sich das Kind zur Erinnerung an sein Fehlverhalten aufhalten muss und wo es auch von niemandem beachtet wird. Zur Demonstration setzt ruhig Eure Frau eine Zeit lang in die stille Ecke. Das wird jeder verstehen, oder?"

Wir mussten herzhaft lachen. Manu sagte: „Dann setze ich Torben dahin."

Lasst Euch auch niemals zum Buhmann machen. Sprüche wie: *Warte mal bis der Papa heimkommt* sind nicht zeitgemäß. Wenn Eure Frau ein Erziehungsproblem hat, soll sie es auch selbst lösen. Die Situationskomik dabei ist manchmal unbezahlbar. Kleine Teufelchen machen mit Mama was sie wollen, bis sie am Ende gewonnen haben."

Wir lachten erneut.

„Und warum ist das so? Weil sie noch einen natürlichen Kampfgeist haben, der noch keinen Widerstand erfahren hat.

Und jetzt muss die richtige Ausgewogenheit her, denn der Kampfgeist ist wertvoll und darf nicht gebrochen werden.

Ihr müsst also Kampfgeist fördern und gleichzeitig Eure Willensbekundungen konsequent durchsetzen. Das ist schwierig, aber nur mit diesem Geschick bekommt Ihr ein tolles Kind. Dem Grundsatz nach ist immer zu beachten: Wenn Ihr einen Sohn habt erzieht ihn zum Mann. Wenn Ihr eine Tochter habt erzieht sie zur Hausfrau." Wir lachten erneut.

Das bedeutet, wenn Eure Tochter wunderhübsch ist, intelligent und charmant, dann könnt Ihr ihr auch beibringen, dass es genug Männer mit Geld gibt, die ihr den Himmel auf Erden bereiten und man für die gut aussehen muss.

Aber vergesst nie, dass Ihr ihr beibringt auch für ihren Mann da sein zu müssen."

Als er seinen Vortrag beendete, schaute Holger auf seine Notizen: „Eigentlich ganz einfach. Und wenn ich denke, dass man sich nur etwas entgegenkommen muss, dann gibt es gar keine Probleme."
Sebastian merkte an, dass es immer einen Weg gäbe, wenn man sich lieben würde. Wir schauten uns alle ganz nachdenklich an. Dann fragte Manu:
„Ihr denkt also, es muss einen Ausweg geben?" Sebastian meinte das ja und wollte es uns erklären.

# Passen wir zusammen?

„Stellt Euch vor, wir würden sagen, dass Mann und Frau keine Chance haben. Dann würden unsere Beziehungen und in Folge alles Leben enden.
Männer wären zwar wieder unter sich. Frauen hätten ihre Sammlercrews im Wald und nach den Erlebnissen der letzten Jahrtausende zwischen Mann und Frau, wäre es bestimmt mit der Brunft vorbei. Aber irgendwie kann ich das nicht glauben, denn eigentlich sind Frauen doch was Tolles. Diese wunderbaren Wesen mit ihren sanften Kurven, ihren wunderbaren Lippen und ihren schwebenden Apfelhintern, die wie ein Segel im Wind aus Waldmeister pulsieren." Manu wurde ganz rot.
„Männer, wer hatte jetzt ein Nacktbild im Kopf?" Bis auf Manu  streckten  alle den rechten Zeigefinger nach oben.
„Jetzt mal Spaß beiseite. Wenn Ihr eine gute Beziehung führen wollt, dann müsst ihr einfach verschiedene Dinge beachten.
Aber vor allem müsst Ihr es schaffen, dass auch Eure Frau verschiedene Dinge beachtet.
Den Kompromiss und die Rücksichtnahme auf den anderen müssen beide lieben. Beide müssen es lieben, den anderen glücklich zu machen und nicht ständig erwarten vom anderen glücklich gemacht zu werden. Versucht in die gleiche Richtung zu blicken, definiert gemeinsame Ziele auf die Ihr gemeinsam zuarbeitet.

Und mit gemeinsam, meine ich auch gemeinsam.
Ziele, die beide haben, aber nur einer arbeitet daran,
taugen nichts.

Die hohe Kunst einer erfüllten Beziehung könnt Ihr
unterstützen, wenn Ihr z.B. ein gemeinsames Hobby
findet.
Ein Thema, was nichts mit Euch oder Euren Kindern
und Eurem Alltag zu tun hat, sondern auf das sich
beide freuen und dem beide positiv gegenüber stehen.
Dann steigt die Stimmung auch wieder.

Seid nicht zu egoistisch, macht Eurer Frau aber auch klar, dass Emanzipation seine Grenzen hat und wenn Ihr nicht zu egoistisch seid, sollte sie es auch nicht sein. Es muss sich die Waage halten."

Wir nickten alle. „Wie kommst Du jetzt auf so etwas, Sebastian?"

„Ganz einfach, bei allem was ich in den letzten Wochen erlebt habe und was wir hier hörten, bin ich mir jetzt 100% sicher, dass es richtig ist, um seine Beziehung zu kämpfen und das zu tun was beide mögen, ja sogar lieben. Und dabei macht es nichts, wenn Ihr Euch auch mit häuslichen Tätigkeiten auseinandersetzt oder kocht. Das ist nun mal heute so, aber wenn Euch gesagt wird: *Ich habe die Kinder bekommen und Du machst den Rest*, ist es nicht in Ordnung.

Überprüft immer wieder ob Ihr Euch vorstellen könnt, in der Beziehungssituation, in der Ihr seid, die nächsten 20 Jahre zu verbringen. Wenn nicht, seid fair und sagt es Eurem Partner.

Nur dann haben beide eine Chance was zu ändern oder die Chance auf eine neue Beziehung.

Und eins müssen wir einfach alle lernen: Toleranz! Jeder hat sein persönliches Phlegma. Die offene Zahnpasta-Tube, die herumliegende Socke oder die unverschlossene Wasserflasche. Solange Ihr frisch verliebt seid spielt das alles keine Rolle, aber nach einigen Jahren schon.

Dann ist die wahre Liebe gefragt. Die gegenseitige Toleranz." Die Stimmung wurde euphorisch. Wir lagen uns alle in den Armen und dankten Sebastian für seine Worte, die wir von nun an genauestens befolgen wollten. Als wir nach Hause gingen, blieben Manu und ich zurück.

# Showdown

„Stefan, ich werde mich von Torben trennen. Egal was Sebastian gesagt hat, ich halte das nicht mehr aus. Ich möchte mein Leben nicht weiter mit ihm verbringen und egal was Du tust, ich werde mich von ihm trennen."

„Manu, wenn Du Dir da sicher bist, dann bin ich so oder so für Dich da und werde Dir helfen."

„Ich danke Dir Stefan." Sie verabschiedete sich mit einem zärtlichen Kuss und wir gingen auseinander.

Zu Hause angekommen sperrte ich auf und ging in die Küche um mir noch einen Gute-Nacht-Rotwein zu nehmen. Im Wohnzimmer saß Lisa und schaute eine Folge einer Reality-Soap, in welcher es um Familien ging. Sie schüttelte nur den Kopf, bei dem was sie da sah.

„Lisa, mach doch den Scheiß aus, das ist unter unserem Niveau."

„Warum, im Prinzip passiert da genau das Gleiche wie bei uns. Es gibt nur noch Uneinigkeit über alles was passiert und nur weil sie arbeitslos sind ertragen sie es einfach. Genauso ist es doch bei uns auch."

„Ok, aus dem Blickwinkel betrachtet hast Du natürlich Recht." Ich schlug vor, dass wir noch heute unsere Ziele aufschreiben sollten um festzustellen ob wir noch eine Basis finden würden. Was da passierte war erschütternd. Wir hatten nur ein gemeinsames Ziel: *Glückliche, gesunde Kinder*.

Alles andere war komplett unterschiedlich. Ich erschrak, da ich feststellte, dass ich im Geiste bisher automatisch immer Lisas Ziele aufgeschrieben hatte und heute das erste Mal meine eigenen.

„Stefan, ich fühle mich betrogen, da ist nichts mehr, außer den Kindern", sagte sie. Ich nickte, als es klingelte.

„Wer kann denn das noch sein, mitten in der Nacht?" Lisa öffnete die Tür und da stand Manu.

„Lisa, Torben hat sich von mir getrennt, ist Stefan da?"

Es eskalierte.

„Nimm ihn Dir doch, der hat eh keinen Bock mehr!" Manu wurde zickig: „Hättest Dich halt einmal um ihn gekümmert und nicht immer nur alles erwartet, dann hättet Ihr eine Chance gehabt!" Lisa ging hinauf ins Schlafzimmer und schloss sich ein.

„Stefan, bitte komm mit mir, Du musst mir helfen ein paar Sachen zu holen."

Ich ging hinauf und sagte Lisa ich würde Manu helfen und dann gingen wir zu ihr nach Hause. Nachdem Manu aufgesperrt hatte, traten wir ein und im Gang hatte sich Torben bereits aufgebaut:

„Was wollt Ihr hier, verschwindet!", sagte er.

„Torben jetzt beruhige Dich doch, Manu will nur ein paar Sachen holen."

„Kauf ihr doch neue, dem Flittchen, hast sie doch oft genug dafür gevögelt!" So hatte ich Torben noch nie erlebt, aber Flittchen konnte ich nicht stehen lassen. Er beleidigte meine große Liebe. Ich trat einen Schritt nach vorne und gab ihm eine Ohrfeige. Die Antwort ließ nicht lange auf sich warten. Es machte Bäm und ich ging zu Boden.

Als ich wieder zu mir kam lag ich vor dem Haus und Manu versuchte mein blaues Auge zu kühlen. Neben Manu standen etliche Reisetaschen und es war klar, hier konnte sie heute Nacht nicht bleiben.
„Manu, lass uns zurückgehen. Ich muss die Lage peilen, mir fällt schon was ein."
Was wir dann vor meinem Haus vorfanden, glich einem Schlachtfeld. Lisa hatte meine Klamotten aus dem Fenster geworfen. Wenigstens an zwei Reisetaschen hatte sie auch gedacht. Die lagen daneben.
Als ich versuchte aufzuschließen musste ich feststellen, dass die Türe von innen? mit einer Kette gesichert war und ein Zettel auf mich wartete. *Wir mussten Lisa retten, Deine Schwiegereltern.* Ich nahm mein Handy heraus und rief bei Lisa an. Nur die Mailbox.
„Lass uns mal alles zusammenpacken und dann verschwinden", sagte ich zu Manu.

Wir sammelten meine sieben Sachen ein und packten sie in die Reisetaschen, die wir dann neben dem Eingang abstellten. Manu versuchte Torben zu erreichen: „Nur Mailbox, wie bei Dir." Wir liefen wieder zurück zu Manu und sie versuchte die Türe zu öffnen, doch es ging nicht. Es war dunkel im Haus und Torben und die Kinder waren weg.

„Ok passt auf, ich ruf Holger an, vielleicht kann uns Zoe ja abholen und in eine Pension bringen."

171

Als ich Holger am Telefon hatte, erzählte ich ihm alles. Fünf Minuten später war Zoe da.

„Hi Stefan, hi Manu, da ist dann wohl doch nix mehr zu retten was?"

„Sieht nicht so aus. Ähm, kannst Du noch bei uns vorbei fahren, bitte?"

„Zu Dir?"

„Ja, sieht so aus als ob Lisa und Torben sich abgesprochen hätten, ich brauche meine Sachen."

Wir fuhren noch bei mir vorbei und holten meine Taschen, dann sagte ich zu Zoe:

„Bring uns doch bitte in die Pension Michel, da bekommen wir bestimmt ein Zimmer."

„Nix gibt's, ihr kommt zu uns", weigerte sie sich. Als wir ankamen wartete Holger schon.

„Stefan, Stefan, alter Schwede, was ist denn mit Deinem Auge passiert, war Torben mal männlich?", Holger lachte.

„Na dann habt Ihr es ja endlich geschafft"

„Was willst Du mir damit sagen, Holger?"

„Endlich sind die Menschen zusammen, die zusammen gehören. Ihr habt ja lange gebraucht."

Ich verstand nicht, was er mir sagen wollte.

„Ich wusste schon in Italien, dass bei Euch was läuft. Und immer wenn Ihr zusammen gewesen seid oder Euch in eine Unterhaltung eingebracht habt, dann war es als ob ein Puzzle zum anderen passte. Diese Vertrautheit und Euer Umgang miteinander, genauso wie es sein sollte. Es war so einfach festzustellen, dass Ihr Euch nahe seid und liebt. Das merkte sogar ich. Zoe hat es mir dann neulich nur noch bestätigt."

Manu atmete tief durch:

„Zoe, Du wusstest alles?"

„Ein bisschen, Holger hatte in Italien schon Vermutungen geäußert und letzte Woche hat mir Stefan alles gebeichtet."

„Und warum hast Du nichts gesagt?"

„Ganz einfach, wenn es jetzt nicht so gekommen wäre, hättet Ihr noch die Chance gehabt etwas zu retten, aber so wird das wohl kaum noch in Frage kommen. Wenn Ihr wollt, rufe ich Lisa an und Holger schnappt sich Torben. Es sollte schnell eine Lösung geben, damit die Kinder nicht zu sehr leiden."

Kurze Zeit drauf hatte Zoe Lisa am Telefon und tatsächlich, sie zeigte sich gesprächsbereit, genau wie Torben. Zoe verabredete sich erst mal mit Lisa und Holger mit Torben um vorzufühlen wie es weitergehen könnte.

„So ihr zwei, jetzt aber Husch ins Bett. Bettzeug liegt im Gästezimmer, schlaft gut", schickte uns Zoe nach oben.

„Und macht keinen Lärm", rief uns Holger noch hinterher. Endlich alleine, dachte ich, als sich Manu neben mich legte. „Stefan, das war ein Fingerzeig des Schicksals."

„Ja, so scheint es. Ich will Dich für immer, wir ziehen das jetzt durch. Ich liebe Dich", konnte ich noch sagen, bevor mir die Augen zu fielen.

Am nächsten Tag brachte mich Holger zum Bahnhof:

„Sag mal Stefan, Zoe hat da was angedeutet mit Hamburg und so."

„Ich wusste doch ich hätte es ihr nicht sagen sollen."

„Ähm, kannst Du mir aufschreiben wo diese Erotikshow genau war?" Zoe war davon so begeistert,
dass ich ihr einen Ausflug nach Hamburg schenken
will und wir beide dahingehen."

„Mensch Holger, das ist bestimmt eine tolle Idee,
wenn Zoe für so etwas offen ist." Ich stieg aus und
ging zum Bahnsteig. Und da standen wieder meine
Freunde von der Fahrradhelm-Crew, nur ich fühlte,
ich gehörte nicht mehr dazu.
Im Büro erklärte ich Beate, dass sich Lisa von mir
getrennt hätte. Beate tat betroffen und sagte:
„Wenn Du jemand zum Trösten brauchst, dann melde
Dich bei mir."
„Beate, wir sind doch durch mit dem Thema. Ich mag
Dich aber Trösten wird mich jemand anderes."
Leider fand sie das nicht so prickelnd. Sie würde ei-
nen Monat später kündigen.
Am Freitagabend fand ich mich wieder bei Holger und
Zoe ein. Sie hatten bereits mit Lisa und Torben ge-
sprochen. Wir setzten uns alle an den Esstisch und
Holger versuchte zu erklären was bei ihren Gesprä-
chen rausgekommen war:
„Also passt auf. Lisa und Torben sind zusammen, aber
ich denke, das wisst Ihr schon. Sie schlagen vor in
Lisas Haus zu wohnen und Ihr könntet in Manus und
Torbens Haus wohnen. Für die Kinder hätte das den
Vorteil, dass sie den jeweiligen Elternteil immer se-
hen könnten wann sie wollten. Torben sprach dann
gleich von einer Art Patchworkfamilie, der lernt es
auch nicht mehr. Aber den Zahn habe ich ihm gezo-

gen, da ich ihre Vorstellungen nur als Vorschlag sehe und ihr darüber nachdenken müsst."

„Was meinst Du Manu", fragte ich sie. „Eigentlich ist das doch eine gute Idee, oder?"

„Hast Du Bauschmerzen damit, Stefan?"

„Nein tatsächlich nicht, ich fühle mich nur frei und glücklich."

Manu nahm mich in den Arm und wir küssten uns. Wir wussten, dass es noch viele Kämpfe geben würde, aber wir wollten diese Zukunft und das alleine war es Wert. Und wir waren uns sicher unsere Liebe ein langes Glück reichen.

# Die Liebe bringt das Glück

Drei Jahre später. Vor zwei Jahren wurde ich geschieden.

Lisa und Torben wohnten tatsächlich in ihrem Haus. Sie schienen beide glücklich. Jeder hatte das was er wollte.

Torben kümmerte sich um alles und Lisa konnte ihren Lieblingsbeschäftigungen nachgehen.

Unsere Kinder merkten kaum etwas von der Trennung, da sie mal bei Manu und mir waren und dann wieder bei Lisa und Torben.

Im Gegensatz zu den anderen haben Manu und ich bald geheiratet. Sie war wirklich schwanger und wir freuten uns über einen kleinen Sohn, der die Familie bereicherte.

Wir alle sehen uns immer noch zu verschiedenen Ereignissen und es herrscht wieder Harmonie. Lisa und ich verstehen uns so gut wie nie zuvor und sie ist sogar Patin unseres Sohnes geworden.

Wir müssen heute über uns lachen.

Manu und ich sind die Glücklichsten, die es auf Erden gibt. Alle sagen immer, wir würden das nur spielen, so wie uns wohl die Sonne aus dem Arsch scheint. Aber das war nicht so. Wir waren beide glücklich.

Holger, Zoe, Sebastian und Birgit sind immer noch zusammen. Bei ihnen reichte die Liebe, um wieder den richtigen gemeinsamen Weg zu finden.

Holger und Zoe waren tatsächlich in dieser Erotikshow. Er meinte nur: „So rollig war Zoe schon lange nicht mehr."

Doch um eines beneiden mich alle immer noch an jedem Donnerstag. „Mann, Stefan, Manu wird nie älter und ist immer noch die Schönste von allen." Und das war sie tatsächlich. Wie heißt es denn so schön: *Appetit kannst Du Dir draußen holen, aber Gulasch gibt's daheim.* Lange habe ich an diesen Spruch geglaubt, bis ich endlich gelernt habe, dass das alles Quatsch ist, wenn Du die für dich tollste Frau zu Hause hast. Ich glotze heute noch anderen Frauen hinterher, aber nur aus rein wissenschaftlichen, biologischen Gründen. Ok, Neugierig bin ich bestimmt auch noch, doch irgendwas hat mir Seelenfrieden gebracht. Irgendwas was Manu hervorrief. Und genauso funktioniert auch unsere Beziehung: Liebevoll, Glücklich, harmonisch und immer bereit den richtigen Kompromiss einzugehen.